Les Légendes de la Planète Turquoise

Il y a bien longtemps sur la **planète Turquoise**, vivaient de nombreux peuples. Chacun d'entre eux était venu s'y installer au cours de la longue histoire de la petite planète.

Les **Indiens de la Nation du Cercle** y furent les premiers habitants. La légende dit que le Grand Esprit, Roi du Cosmos, les fit venir du ciel pour peupler et protéger Turquoise.

Ensuite vinrent **les Luminiens**. Ils amenèrent, de leur monde d'origine, leur brillante technologie lumnique. Celle-ci ne manqua pas d'énergie grâce aux mines de luminium de la planète Turquoise. Ce métal précieux est à la fois le combustible et l'argent : le lumno. C'est dans la mégalopole de Luminiumville que se trouve l'Assemblée Galactique. Là, siègent régulièrement les Gouverneurs venant de toutes les planètes. Luminiumville est considérée comme la capitale de la Galaxie.

Sur le Continent Est de Turquoise s'installa une colonie kraouïne. **Les Kraouïnes** ont la peau, les yeux et les cheveux très clairs, presque blancs. Redoutables guerriers, ils sont très sévères et attachent une grande importance à l'ordre et l'obéissance.

Le développement économique allant croissant sur la planète, on fit venir des travailleurs **Zom-Zoms**. Ceux-ci furent amenés de leurs pauvres petites lunes d'origine sur Turquoise. Les Zom-Zoms, que l'on nomme aussi péjorativement les "canassons", exécutent les durs travaux que personne d'autre n'accepte de faire.

Il y a aussi les **Ob-zha-nés** qui viennent de Zha, la planète sans soleil. Ils craignent la lumière de Turquoise mais sont estimés pour leur sens de l'honneur.

Et encore bien d'autres...

Les Légendes de la Planète Turquoise

ANDRÉ (androbot B23)

Textes et Illustrations
DAN LANIEPCE

ÉDITIONS ALTALIRE

Il y a bien longtemps, sur la planète Turquoise, vivait Dorine, une jolie petite fille avec des cheveux bouclés et dorés comme le soleil du soir. Elle habitait le dernier étage de la plus haute tour de Luminiumville. Dorine était la fille de M. Babs, l'homme le plus riche du monde !

Dans toutes ses usines, M. Babs construisait les célèbres astrojets, les jet-mobiles, jet-surfs, jet-sièges, mais aussi les androbots, les multi-écrans, les micro-T-phones et bien d'autres choses incroyables !

Quant à Dorine Babs, elle ne savait pas mesurer ses mots. Trop honnête et trop franche, disaient les gens. Dès qu'elle ouvrait la bouche c'était pour crier contre l'injustice du monde ! Mais au fond d'elle-même, Dorine était triste d'être seule. Sa maman était partie depuis quelques années. La petite fille avait alors été laissée à un papa milliardaire qu'elle ne voyait jamais et à une vilaine nourrice. Pourtant Dorine avait des jouets extraordinaires ! Pour son anniversaire, l'année passée, M. Babs lui avait même offert une jet-table-à-écran et un jet-siège qui lui permettaient de planer dans toutes les pièces de l'étage. Elle restait ainsi suspendue en l'air et lisait pendant des heures, sur sa table-à-écran, des romans d'aventures et des histoires d'amour dans lesquelles les petites filles ont un papa et une maman qui s'aiment.

Mais un jour Dorine s'enfuirait ! Elle partirait très loin pour retrouver sa maman. Oui, elle quitterait la cité moderne de Luminiumville pour aller vers les Monts-Bleus. C'était là-bas que son papa avait rencontré la douce Simla, sa maman. Et c'était sûrement là qu'elle était retournée…

Mais ce jour-là, c'était l'anniversaire de Dorine et elle ne voulait penser à rien d'autre. Elle attendait avec impatience qu'on lui donne son cadeau. Ce serait le plus beau des cadeaux : elle voulait cette année un petit chien. Elle en avait assez des machines. Enfin elle pourrait avoir un vrai ami. Ses réflexions furent interrompues par Mémère, la nourrice, qui entra dans la pièce, bientôt suivie par son assistante, une androbot d'apparence féminine. De mauvaise humeur, comme d'habitude, la vieille dame cria :

- Dorine ! Descends de là-haut, viens mettre une belle robe pour fêter ton anniversaire !

Mais la petite fille s'amusait à faire enrager Mémère.

- Non ! Je ne veux pas y aller ! Ce n'est pas drôle. Il n'y a que des grandes personnes. Et puis je n'aime pas les robes. J'irai pas ! Je veux mon petit chien maintenant !

La nourrice sautillait pour essayer d'attraper Dorine qui planait dans son jet-siège. Elle était vraiment en colère :

-Vas-tu descendre ! Ah maudit jet-siège ! Vas-tu descendre !

- J'irai pas ! J'irai pas ! J'irai pas ! Je veux mon chien maintenant !

- Tu n'es qu'une chipie ! hurla Mémère. Tu as déjà plein de chiens !

- Non ! Ce sont des robots ! J'en veux un vrai, qui aboie et fait caca !

- Ça non ! Et qui c'est qui va encore nettoyer !

Tout à coup, X et Y, les deux impressionnants gardes du corps de Dorine, entrèrent dans la pièce. X grommela :

- On est en retard M'dame, 'faut qu'on emmène la petite à son anniversaire.

- Je n'arrive pas à la faire descendre ! glapit Mémère.

- Pas de problème ! répondit Y en sortant une mini-télécommande de sa ceinture.

Il la dirigea vers Dorine en appuyant sur un bouton. Le jet-siège descendit doucement jusqu'au sol. Le colosse tendit le petit appareil à la nourrice :

- Tenez M'dame, vous pouvez le garder, c'est un proto-inverseur magnétique. Ça vous sera utile une autre fois.

X prit Dorine par la main pour l'emmener, mais comme elle ne voulait pas venir, il la souleva et, sans tenir compte de ses grognements de protestation, la mit sous son bras.

- Attendez au moins qu'elle passe une robe ! leur cria Mémère.

- Désolé M'dame, pas le temps ! On a rendez-vous à l'émission d'Oscap Zap !

Deux minutes plus tard, les deux brutes et l'enfant se trouvaient dans l'ascenseur qui filait vers le jet-étage : l'embarcadère des jet-mobiles.

La fillette lança à ses gardes :

- J'espère bien qu'on se fera attaquer par des bandits ! Comme ça, ils vous donneront une sacrée dérouillée !

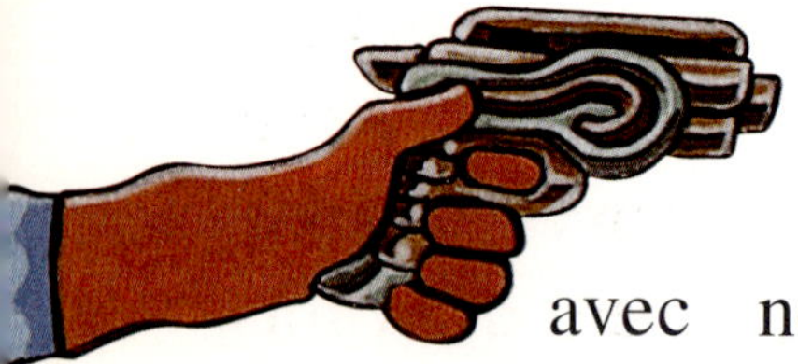

X, qui semblait être le chef, lui montra son arme et dit :

- Pas de danger, on a nos amis avec nous. Des boumeurs équipés d'accélérateur lumnique. Ça fait un trou dans le métal le plus épais. Nous sommes les seuls à avoir des accélérateurs lumniques !

- Et bien vous devriez vous les greffer sur le cerveau vos accélérateurs lumniques ! rétorqua-t-elle.

La porte de l'ascenseur s'ouvrit et, à l'extérieur, quatre garçons armés visaient les deux gardes. Instantanément ces derniers dégainèrent leurs boumeurs et poussèrent Dorine dans un coin de la cabine. Un des jeunes hommes bafouilla :

- Lâcha vos ermes… euh… Lâchez vos armes !

Le chef des deux colosses sourit et parla à son tour :

- Allons allons mes garçons… Est-ce que vous ne seriez pas mieux chez vos mamans à regarder Oscap Zap sur le cosmo-écran ?

- Lâchez vos armes et donnez-nous la petite ! Nous sommes plus nombreux !

X haussa les épaules :

- Plus nombreux, c'est vrai, mais aussi moins

armés. Qu'est-ce que c'est que ces tromblons rouillés ? Des pièces de musée ? Nos boumeurs sont munis de détecteurs de tir. Si l'un d'entre vous fait feu, nos armes tireront automatiquement deux fois. Le premier coup détruira vos projectiles, le second… et bien… risque de vous empêcher de voir la suite…

Un long silence s'installa dans le parking du jet-étage. Y prit la parole :

- Bon les gars euh… désolé de vous presser, mais nous avons un rendez-vous. 'Faudrait que l'un de vous se décide à tirer, ça nous permettrait de tester nos détecteurs de tir… Allez on commence par toi ! L'homme visa un des garçons qui, aussitôt, lâcha son boumeur et partit en courant.

- Bon plutôt toi alors ! cria X en prenant un autre jeune homme dans sa ligne de mire.

Ce dernier détala aussi en vitesse. Voyant cela, les deux derniers prirent eux aussi leurs jambes à leur cou et disparurent dans la pénombre du parking.

Les deux gardes du corps éclatèrent de rire.

- C'est ça, allez-vous en ! cria Dorine. Il n'y a pas de quoi être fier, bande de lapins prouteux ! Ah, elle est belle la jeunesse ! Incapables ! Foies blancs !

Les deux gaillards riaient à en pleurer, ils se tapaient les cuisses en répétant :

- Lapins prouteux… ah ah ah… lapins prouteux !

- Bon on y va ou quoi ? râla la petite. On va finir par être en retard avec vos idioties. J'ai un petit chien à aller chercher, moi. Allez, au boulot les comiques. Si c'est pas une honte ! Vous rouler par terre à vos âges !

La jet-mobile des gardes du corps traversa une grande partie de la mégalopole. L'engin suivait les voies aériennes et planait entre les magnifiques gratte-ciel. La jet arriva à la fameuse tour Serpent, vaste lieu de cérémonie de Luminiumville, et disparut dans un des anneaux du gigantesque bâtiment.

Dorine, X et Y coururent jusqu'à l'ascenseur qui les descendit au quinzième sous-sol de la tour. La porte du niveau – 15 s'ouvrit sur le célèbre studio Oscap Zap. Un androbot masculin, habillé d'une belle carrosserie argentée, s'adressa à Dorine :

- Mademoiselle Dorine Babs ?

- Oui, c'est moi.

- Venez s'il vous plaît, je vous emmène à votre loge. L'émission d'Oscap Zap commence dans deux minutes.

Dorine était assise dans un fauteuil confortable au milieu d'une pièce tapissée de miroirs. On lui avait prêté une belle robe. Une dame la maquillait pour lui donner bonne mine. À l'extérieur, on entendait la musique et les applaudissements. La porte de la loge s'ouvrit et un homme grand et maigre entra.

Il était très nerveux et repositionnait sans cesse ses lunettes sur son long nez. Cet homme était M. Babs, le père de Dorine.

- Dorine, tu es prête ? s'enquit-il avec son habituel air triste et sérieux.

- Oui papa. Est-ce que ça commence ?

- Oui ça va être à nous. Tu vas être gentille, hein Dorine ? Tu sais, cette émission est très importante pour moi. J'ai quelques problèmes en ce moment et euh… j'ai besoin d'un peu de bonne publicité.

- Je serai gentille papa, répliqua Dorine en souriant.

- Bien, tu feras tout ce que dit M. Oscap Zap. Pas de scandale cette fois-ci hein…

La petite fille ne cessait de sourire :

- Oh non, je suis tellement heureuse d'avoir mon beau cadeau !

- Ah… oui bien sûr, souffla M. Babs en s'apprêtant à partir.

Dorine attrapa la main de son père :

- Papa, c'est quoi comme race ?

- Que… quoi ? bredouilla M. Babs.

- Mon cadeau, c'est quoi comme race ? répéta la fillette.

- Ah oui… c'est euh… un euh… Tu verras tout à l'heure.

Il disparut en coup de vent. Dorine se tourna vers la maquilleuse :

- Les races de chiens, c'est pas son truc !

Peu de temps après, l'émission avait commencé et le vieux présentateur Oscap Zap posait différentes questions à M. Babs. Dorine était sagement assise à côté de son père en se demandant si le chien était gros ou petit. Les caméras se tournèrent vers Oscap Zap, qui soudain fronça les sourcils :

- M. Babs, parlons maintenant de choses plus sérieuses. Il semble que vous ayez de plus en plus de problèmes avec la justice de Luminiumville. Plusieurs juges ont dit qu'ils auraient bientôt assez de preuves pour vous envoyer en prison pour le reste de votre vie.

- C'est faux, protesta M. Babs, ces juges feraient mieux de s'attaquer aux bandits et aux malfrats plutôt que de poursuivre d'honnêtes citoyens comme moi qui donnent du travail à des milliers et des milliers de gens. La vérité ? C'est que la réussite de ma société fait beaucoup de jaloux. Mais je ne leur en veux pas.

- C'est très noble de votre part. Oscap Zap observa un long silence puis fixa la caméra. Chaque année à la même date, reprit-il, nous nous retrouvons pour fêter l'anniversaire de la petite Dorine. Et

Dorine. Et chaque fois M. Babs nous présente une nouvelle invention géniale. M. Babs, qu'allez-vous offrir cette année à votre fille ?

- Et bien cette année elle recevra un merveilleux cadeau, il s'appelle André !

"André ! André ! Mon petit chien s'appelle André !" s'exclama Dorine intérieurement en essayant de rester tranquille.

- Allons voir de quoi il s'agit ! Le présentateur se leva, suivi par le père et sa fille. Je vous rappelle chers cosmospectateurs que je vais découvrir la surprise en même temps que vous ! Qu'allons-nous donc trouver derrière ce rideau ?

- Rideau, ouvre-toi ! cria Dorine comme elle le faisait tous les ans.

Le beau tissu doré se déplaça doucement. On découvrit bientôt un jeune homme debout, immobile, habillé d'un vieux costume de toile comme les gens en portaient jadis. Il y eut un silence. M. Babs se tourna vers les caméras :

- Mesdames et messieurs je vous présente André !

- André ? interrogea

16 - ANDRÉ (androbot B23)

Oscap Zap, j'aimerais bien avoir une explication !

- Oui et moi aussi, marmonna Dorine.

- Cher Oscap Zap et chers amis, vous avez devant vous le premier androbot de parfaite apparence humaine. Il est le fruit de nombreuses années de travaux secrets dans mes laboratoires. On ne peut pas, à l'œil nu, faire la différence entre un être humain et cet androbot.

- C'est formidable, murmura le présentateur en inspectant l'androïde de près.

M. Babs s'adressa à lui :

- André, pourquoi ne montres-tu pas ta force à M. Zap ?

L'androbot attrapa aussitôt Oscap Zap et le leva au-dessus de lui.

17 - ANDRÉ (androbot B23)

- Par le Cosmos, quelle énergie ! Mais je ne suis pas un oiseau et j'ai le vertige ; M. André, s'il vous plaît, reposez-moi au sol.

André s'exécuta et descendit doucement le vieux monsieur. Ce dernier se tourna vers M. Babs :

- Mais dites-moi, cher inventeur, pourquoi avoir donné à cet androbot ce nom étrange et ces drôles d'habits anciens ?

- Voyez-vous, cher ami, ce nom et ces vêtements appartiennent à une très vieille civilisation connue pour sa grande finesse et son exquise politesse. Je voulais que cette machine soit un exemple de culture et de savoir-vivre, c'est pourquoi j'ai choisi ce nom et ce costume.

- Je vois, dit Oscap Zap en souriant, en somme il ne s'agit pas d'un androbot mais plutôt d'un "andrébot !"

Ce jeu de mots fit rire tout le monde. Tout le monde sauf Dorine. La petite fille n'appréciait pas qu'on lui offre encore une machine pour son anniversaire. Elle avait l'impression d'être trahie et perdue dans une foule d'étrangers qui ne pouvait pas la comprendre. Ses yeux se remplirent de larmes.

- Eh bien, demoiselle ? N'es-tu pas heureuse de recevoir ce magnifique cadeau ? lui demanda Oscap Zap.

- Que… hein… où où, bafouilla la fillette, où est mon petit chien ?

- Un chien ? Mais te rends-tu compte que tu possèdes le plus puissant androbot de l'univers ?

Alors Dorine pointa son doigt vers Oscap Zap et son père, elle explosa :

- Si vous étiez un peu moins amoureux de toutes vos choses, de vos machines et de vos bidules, vous aimeriez sûrement un peu plus les gens !

Dorine Babs marcha droit devant elle et quitta le plateau de l'émission. X surgit de l'ombre pour lui barrer le passage. Elle vociféra :

- Dégage, brouillon de guenon !

La fillette envoya un coup de pied d'une telle puissance dans le tibia de X que celui-ci tomba à genoux, tétanisé par la douleur.

- Tu parles d'un accélérateur lumnique ! cria Dorine en disparaissant dans un couloir.

Et c'est ainsi que tout l'univers qui regardait le cosmo-écran connut André et l'explosive Dorine.

20 - ANDRÉ (androbot B23)

C'était incroyable ! Toutes les planètes du cosmos étaient en ébullition ! Tout le monde voulait acheter un “andrébot”. Les affaires n'avaient jamais aussi bien marché pour M. Babs : toutes les familles commandaient le nouvel androbot. La nouvelle sensationnelle avait fait oublier que M. Babs avait des démêlés avec la justice. Tous ne parlaient que d'André. Le succès était total !

L'univers entier désirait André… sauf Dorine ! Dans l'immense appartement, la petite fille planait, assise dans son jet-siège. Elle n'avait pas eu son petit chien… "Je me demande comment ils peuvent tous être amoureux d'une machine ?" Dorine entra dans la cuisine et y trouva André.

- Dorine, ça va être l'heure du repas, lui dit-il.

- Ce n'est pas toi qui me fais à manger "tête-de-casserole", c'est Mémère !

- Cette dame ne travaille plus ici, c'est moi qui la remplace maintenant, répondit l'androbot froidement.

- Par le Cosmos ! pleurnicha la petite fille, je suis condamnée à présent à vivre avec une boîte de conserve !

Dorine fit descendre son jet-siège jusqu'au niveau de la table et commença à manger. André s'assit lui aussi. Il prit son parapluie, l'ouvrit au-dessus de sa tête et resta ainsi immobile. La petite fille, inquiète, l'examinait attentivement en continuant à manger. L'androbot ne bougeait plus ; il tenait fermement le parapluie en s'abritant dessous. Dorine portait la nourriture à sa bouche sans y penser. Elle regardait le plafond au-dessus d'André en se demandant quel était le problème. Finalement, elle osa parler :

- Est-ce que… est-ce que… tu as grillé un fusible ?

La machine garda ses yeux fixes et ne répondit pas. La fillette continua à l'appeler :

- Allô, allô ! Ici la terre, ici la terre ! Répondez, répondez !

Comme l'androbot restait muet Dorine sourit et lui dit :

- Et ben ! Pauvre tête-de-casserole, même pas une journée de marche et tu es déjà bon pour la casse… Dommage, tu cuisinais pas mal…

André inclina la tête :

- Vous disiez ?

Surprise, Dorine se gava la bouche de nourriture :

- Euh… ch'est bon, ch'est très bon !

Elle avala sa bouchée puis s'adressa poliment à l'androbot :

DAN

- M… Monsieur André…

- Oui, jeune Dorine ?

- Ça n'a pas l'air de pleuvoir dehors… souffla la petite fille.

- En effet non, affirma l'androbot.

- Alors… est-ce que tu as détecté une fuite d'eau au plafond ? avança timidement Dorine.

- Absolument pas !

- Et bien qu'est-ce que tu fais avec ce parapluie ouvert à l'intérieur ?

- Ceci n'est pas un parapluie, c'est un capteur d'énergie sensible !

- Que… quoi ? bafouilla Dorine.

- C'est un capteur d'énergie sensible. Il capte l'énergie invisible de cette pièce, la concentre et en nourrit mon corps. C'est en fait plus une fourchette qu'un parapluie. Je suis, moi aussi, en train de prendre mon repas.

- Ah… répondit la fillette incrédule, et bien euh… bon appétit !

Malgré ses cheveux blancs, André avait l'apparence d'un jeune homme séduisant. Pourtant, après plusieurs jours de vie en commun, Dorine n'était pas vraiment séduite : "C'est une machine, avec une jolie apparence, mais une machine quand même !"

La petite fille voulait quitter ce monde de solitude et de technologie. Elle voulait s'enfuir pour retrouver sa maman. Celle-ci descendait d'une race ancienne et primitive : les Indiens de la Nation du Cercle. Leurs territoires se trouvaient loin, loin vers les Monts-Bleus. C'était d'une de ces tribus qu'était venue Simla, la mère de Dorine, et c'était sûrement là-bas qu'elle était repartie.

La fillette rêvait des magnifiques forêts qui s'étendaient dans les contreforts des Monts-Bleus. Elle s'imaginait en train de rencontrer les maîtres Whogis, ces fameux sages indiens au cœur pur. Elle voulait vivre avec sa famille indienne puisque celle de Luminiumville ne semblait pas s'intéresser à elle ! Elle s'enfuirait donc, dès qu'une bonne occasion se présenterait. En attendant, elle patienterait.

Les jours passèrent. Le répit fut de courte durée pour M. Babs ; les choses allaient de plus en plus mal pour lui. En effet, les juges de Luminiumville accusaient le célèbre inventeur de travailler avec les plus puissants bandits de la cité. Dorine, comme tout le monde, suivait les tristes aventures de son papa en regardant le cosmo-écran. Elle ne voyait plus son père car il était constamment en réunion avec ses avocats. Selon le cosmo-écran, les juges possédaient assez de preuves pour pouvoir arrêter M. Babs à tout moment.

Des larmes coulèrent sur les joues de Dorine. Est-ce que c'était son destin de se retrouver de plus en plus seule ?

C'est en pleine nuit que Dorine fut réveillée par André qui la prit dans ses bras. Avec une rapidité et une précision incroyables, le robot l'habilla en quelques secondes. Un instant après, ils se trouvèrent dans l'ascenseur et ensuite sur le parking du jet-étage où une jet-mobile de sport vint à leur rencontre. André et Dorine sautèrent dans le véhicule qui fila dans le ciel de Luminiumville. M. Babs pilotait la jet. La fillette, encore endormie, articula :

- Qu'est-ce qui se passe Papa ?

M. Babs ne répondit pas. Mais bientôt Dorine aperçut cinq jet-mobiles de la police qui s'engouffraient dans le jet-étage qu'ils venaient de quitter plus bas. “Tout ça ne me dit rien de bon…” pensa la fillette. Son père prit enfin la parole :

- Nous… nous partons quelque temps en vacances… à la montagne.

Dorine était contente d'aller dans la nature, mais elle ne crut pas une seconde qu'ils allaient en vacances.

- Mais d'abord nous devons passer au coffre de la banque pour prendre un peu d'argent, dit M. Babs avant de redevenir silencieux.

La petite fille avait compris depuis longtemps que c'était elle la clef du coffre de M. Babs. Cet endroit recelait certaines de ses inventions, des plans secrets, mais surtout des barres de luminium d'une très grande valeur.

Peu après, M. Babs, André et Dorine arrivèrent devant la porte du coffre. Pour y parvenir, ils avaient traversé un tunnel secret, sans passer par l'entrée de la banque qui était fermée. La petite fille, qui connaissait bien la marche à suivre, se plaça face à l'immense portail de métal et dit :

- Bonjour fidèle gardien…

- Bonjour jeune Dorine, répondit une voix venant du mur, veuillez procéder à l'identification vocale.

- Je m'appelle Dorine Babs et je souhaite entrer.

- Merci, veuillez procéder à l'identification tactile, continua la voix de synthèse.

La fillette obéit : elle posa la main à plat sur une partie du mur qui s'illumina.

- Merci, veuillez procéder à l'identification rétinienne.

Un rayon lumineux sortit de la cloison et éclaira l'œil de la petite. Le rayon disparut.

- Merci, conclut le mur, vous êtes bien Dorine Babs. Attention la multi-porte va s'ouvrir.

Le portail du coffre constitué de dix cloisons de métal s'ouvrit. Chaque porte coulissait dans un sens différent de la précédente. Tous les trois pénétrèrent dans l'immense hall. L'entrée se referma instantanément. M. Babs et André se dirigèrent vers une autre salle, de petite taille, dans laquelle ils entrèrent. Dorine resta seule et examina tous les appareils et autres jet-mobiles qui l'entouraient. L'endroit ressemblait plus à un musée qu'à un coffre. Finalement, elle alluma le cosmo-écran et le regarda en attendant que son père ait fini ce pour quoi il était venu.

M. Babs et André étaient au milieu d'un trésor ! Une pièce entière remplie de barres de luminium. Il y en avait tant qu'elle était illuminée par les reflets dorés du fameux métal tant convoité. Les deux acolytes empilaient les petites barres dans deux mallettes. Le luminium était rare et constituait le bien le plus précieux de la planète Turquoise. Il était à la fois l'énergie qui alimentait toute la technologie luminienne et l'argent dont on se servait pour le commerce. M. Babs et André fermèrent les valises qu'ils avaient remplies et s'apprêtaient à en ouvrir deux nouvelles lorsque Dorine entra dans la pièce en criant :

- La police ! Voilà la police ! Venez voir !

L'homme et le robot agrippèrent les mallettes pleines et suivirent Dorine. Celle-ci leur montra le cosmo-écran. On y voyait des informations en direct : des dizaines de jet-mobiles de la police encerclaient la banque.

- Par le Cosmos ! grommela M. Babs, ils ne vont pas tarder à arriver !

Au même instant, un coup sourd retentit contre la lourde porte du coffre.

- Ils n'arriveront jamais à ouvrir le portail, c'est l'un de mes chefs-d'œuvre. Nous serons morts de faim avant qu'ils n'y parviennent, dit M. Babs.

André examinait les jet-mobiles qui étaient exposées autour d'eux et s'adressa à son maître :

- Échappons-nous à bord d'un de ces véhicules.

M. Babs resta pensif un instant alors que les coups redoublaient contre la porte.

- C'est une bonne idée, acquiesça-t-il finalement, j'ai là-bas celui qu'il nous faut.

Ils se dirigèrent vers une jet-mobile d'apparence grossière. M. Babs expliqua :

- C'est un véhicule pour l'armée, il possède un triple blindage de coque. Mais cette jet n'a pas servi depuis bien longtemps…

- Ça n'est pas grave, nous avons du combustible ! dit André en montrant l'intérieur de sa mallette pleine de luminium.

- C'est vrai, murmura M. Babs, mais il faut réactiver le lumnoturbo…

- Il y a un proto-inverseur assez puissant là-bas, ça devrait faire l'affaire…

Dorine avait laissé son père et l'androbot à leur

bricolage lumnique. Elle regardait à nouveau les nouvelles en direct sur le cosmo-écran. Elle voyait des techniciens de la police qui essayaient de forcer la porte du coffre de l'autre côté, mais sans succès. La petite fille pensa à son père qui avait des ennuis jusqu'au cou. "Les grandes personnes nous disent toujours qu'il faut bien se conduire mais elles font tout de travers... Comment veulent-elles qu'on les croie ?"

Son père vint alors vers elle en courant, il avait deux énormes boumeurs dans les mains.

- Viens Dorine ! cria-t-il, nous partons avec la jet-mobile, tu vas nous ouvrir la porte.

- Je n'ouvrirai rien du tout, lança froidement sa fille.

- Quoi ! hurla-t-il, qu'est-ce qu'il t'arrive, tu ne vois pas qu'on a besoin de toi !

- Je n'ouvrirai pas la porte si vous prenez ces armes...

- Mais tu ne te rends pas compte de ce qui nous attend, nous aurons besoin de ces boumeurs, il faudra peut-être se battre...

- Je n'ouvrirai pas...

- Rhaa ! Par le Cosmos ! vociféra M. Babs en

jetant les armes au loin, quelle tête de mule celle-là, tout le portrait de sa mère ! Allez viens, on y va !

M. Babs et Dorine sautèrent dans la jet que pilotait André. La fillette demanda à la porte de s'ouvrir, ce qu'elle fit à la grande stupéfaction des policiers qui se trouvaient derrière. L'engin fila dans le tunnel et emboutit au passage quelques jet-mobiles à l'arrêt dans l'espace. Le portail métallique du coffre se referma. Les hommes tirèrent sur le véhicule de M. Babs mais les projectiles glissaient sur la carrosserie.

Parmi eux, un personnage grand et mince, tout en blanc et avec des cheveux blancs, s'appliquait à viser un point précis de la jet. Puis il tira. À ses côtés, Chef, le responsable de la police de Luminiumville, un homme grassouillet avec une petite moustache, s'adressa à lui :

- Inutile de tirer Colonel Kra, cette jet est blindée...

- Pauvre Chef, lui répondit sèchement l'homme en blanc, vous ne comprenez décidément jamais rien. Je regrette que mon gouvernement m'ait envoyé vous former. Peine perdue ! Heureusement, mon contrat s'achève cette semaine ! Ce que je viens de tirer est une sonde-bombe. La jet va exploser dans un instant.

- Mais on ne peut pas faire ça ! s'écria Chef, il y a la petite fille dans le véhicule !

- Alors prévenez vite ses occupants avant qu'ils ne partent en fumée !

Dans le ciel de Luminiumville les jet-mobiles de la police poursuivaient celle de M. Babs.

- Je ne pourrai jamais les semer, dit André, nous sommes trop lents.

- Ici la police de Luminiumville, grésilla une voix dans la radio des fuyards, rendez-vous ! Votre véhicule est piégé ! Il va exploser dans quelques minutes !

M. Babs réfléchit un instant :

- Nous allons nous éjecter, chacun à notre tour, cria-t-il. Là ! Il y a un plan d'eau. Nous allons commencer par toi Dorine, serre bien ta ceinture de sécurité !

Elle réajusta sa ceinture. Son père appuya sur une commande et instantanément une épaisse fumée sortit de l'arrière de la jet-mobile. Les policiers qui étaient derrière eux ne virent pas Dorine, accrochée à son siège, tomber dans l'eau.

La fillette coula un moment, le temps de déboucler sa ceinture. Puis elle se mit à nager vers la surface pendant que son siège continuait à descendre. Dorine passa à côté d'un énorme poisson. Elle ne le reconnut pas, mais c'était un ogrequin ! Un des plus gros poissons carnivores de la planète Turquoise. Et il n'était pas seul, il y en avait une douzaine !

Par miracle, les terribles animaux ne l'attaquèrent pas et elle put atteindre la rive rapidement.

- Qu'est-ce que tu fais là ! Est-ce que tu es folle ! entendit-elle dans la pénombre.

Dorine sortit de l'eau et se trouva en face d'un canasson en colère. Les canassons étaient des étrangers qui venaient des lunes Zom-zom. Ils avaient quatre bras et une tête qui ressemblait à celle du cheval. C'est pour cela qu'on les surnommait ainsi mais leur vrai nom était zom-zom. Leur peau était vert pâle. Les canassons arrivaient sur Turquoise pour travailler à Luminiumville ; ils faisaient les sales travaux que les luminiens ne voulaient pas faire.

- Est-ce que tu es folle ! cria à nouveau le canasson en brandissant un bâton vers Dorine.

- Qu'est-ce qui se passe ? demanda une autre voix.

- C'est cette petite gourde qui croit intelligent d'aller nager la nuit dans le bassin des ogrequins ! hurla le zom-zom.

Dorine, horrifiée, se tourna vers le plan d'eau.

- Où suis-je ? s'enquit-t-elle.

- Quelle question ! Tu es dans le zoo de Luminiumville et je vais te donner une raclée avant de te jeter dehors ! grogna le canasson hors de lui.

- Tu ne donneras de raclée à personne, dit la voix dans le lointain.

Le canasson se tourna vers l'endroit d'où provenait le son et ronchonna en apercevant sa femme :

- Est-ce que tu te rends compte que si je n'avais pas nourri les ogrequins tout à l'heure cette écervelée serait maintenant de la chair à saucisse !

- Mon cher mari, continue ta ronde pendant que je sèche cette petite intrépide.

Dorine et la dame canasson entrèrent dans la petite cabane des gardiens du zoo. La femme était douce et aimable. Elle s'occupa gentiment de la fillette, la sécha, la nourrit et lui offrit un lit douillet. À peine couchée, Dorine s'endormit profondément.

Dorine marchait au milieu d'une plaine magnifique. L'herbe haute remuait doucement sous l'effet d'un vent léger. Des arbres majestueux poussaient ici et là et de délicieuses fleurs des prés dansaient dans l'herbe, formant un tableau coloré. La fillette regarda au loin et fixa son attention sur une montagne boisée. Elle fut transportée instantanément à l'endroit qu'elle contemplait. Elle se promena sur la crête. "Quel étrange et agréable rêve, pensa-t-elle, comment se fait-il que je sois heureuse…"

- C'est parce que ce n'est pas un rêve ordinaire, dit une voix.

Dorine leva la tête et vit un vieil indien de la Nation du Cercle qui descendait du ciel. Il s'assit sur un rocher à côté d'un vieil arbre noueux. Il sourit :

- Lorsque les gens rêvent, ils croient que c'est la réalité, mais toi en ce moment tu sais que tu rêves…

- C'est vrai, affirma Dorine, je sais que mon corps est en train de dormir chez la famille zom-zom.

- Ceci est un rêve-vision, murmura le vieux monsieur.

- Mais pourquoi faire, s'inquiéta la fillette, et toi tu es réel ?

- Oui, je m'appelle Cœur-Cosmos. Je suis un vieux maître Whogi indien.

- Oh, tu es un Whogi… s'émerveilla la fillette, tu es si beau.

- Ah bon ? s'étonna-t-il en riant.

-… tu ressembles à un ange…

- Mhh… je vois que tu n'es pas difficile en ce qui concerne l'apparence des anges. C'est bien, tu te soucies plus de l'intérieur que de l'extérieur.

L'aïeul sourit de nouveau à Dorine :

- Je viens de la tribu de Ceux-de-la-Forêt, la tribu de ta maman. Le Grand Esprit du Cosmos m'a demandé de t'aider car tu es une belle petite fille qui a du cœur.

- Maman ! s'exclama-t-elle, tu sais où elle est ?

- Oui…

- Où ça ?

- Ce n'est pas à moi de te le dire, murmura Cœur-Cosmos, c'est à toi de trouver.

- Mais… mais alors tu ne m'aides pas, sanglota Dorine.

- Allons calme-toi, dit-il en lui caressant le dos. Moi je suis un vieux monsieur. Toute ma vie j'ai été attentif et j'ai compris plein de choses. Si lorsque j'étais petit garçon, un vieil homme m'avait soufflé les solutions à tous mes problèmes, je n'aurais rien appris. On ne comprend bien que ce qu'on a expérimenté soi-même. Les aventures qui nous arrivent ne sont pas le fruit du hasard : chaque événement est une occasion d'apprendre.

- Alors il ne faut jamais avoir peur de la vie… souffla Dorine.

- Jamais ! dit Cœur-Cosmos avec un beau sourire, même quand la vie est très dure comme pour toi en ce moment.

- C'est pour me dire ça que tu es venu me voir ? demanda la petite.

- Oui, répondit le Whogi, je ne peux pas te dire où est Simla, ta maman, ni vivre cette aventure à ta place. Mais le Grand Esprit m'a demandé de t'encourager. Tu es sur la bonne voie et si tu continues, tu réussiras. Je vais te quitter un instant car tu dois rencontrer quelqu'un.

Cœur-Cosmos partit discrètement, laissant la place à un autre interlocuteur.

- Papa ! cria la petite en sautant dans les bras de son père.

- Dorine ! s'exclama celui-ci en la serrant très fort.

- Mais qu'est-ce que tu fais ici ? interrogea-t-elle.

- Est-ce que tu sais exactement où tu es ? lui demanda son père à son tour.

- Dans un bien bel endroit, répondit la petite.

- C'est vrai... nous sommes dans les plaines éternelles... C'est l'endroit où viennent les personnes qui sont mortes.

- Nous sommes morts ?

- Toi non, mais moi oui, souffla M. Babs avec douceur.

- Qu... quoi ? Tu... es... es... mort ? bégaya Dorine, les larmes aux yeux.

- Est-ce que j'en ai l'air ? dit son père avant d'éclater de rire.

- Non…

- Mon corps sur terre a été détruit. Mais mon âme, comme tu le vois, n'a pas été touchée. J'habite maintenant ici et je réfléchis sur ma vie passée…

- Comment… comment ton corps est-il mort ? demanda la fillette en fronçant les sourcils.

- Et bien après que tu as sauté de la jet-mobile, nous nous sommes dirigés vers la plage de Luminiumville. André a été éjecté dans la mer. Moi, je n'en ai pas eu le temps. Le véhicule a explosé, il était piégé. Mais ne t'inquiète pas, je n'ai pas souffert.

Il y eut ensuite un long silence. M. Babs reprit finalement la parole :

- Tu sais, je suis content que le Très Haut m'ait accordé une rencontre avec toi, c'est très important pour moi. Je m'en veux tellement d'avoir vécu ma vie n'importe comment.

- Mais tu as inventé plein de choses extraordinaires, dit Dorine en souriant.

- Ça oui ! Pour ça j'avais du talent. Mais pour m'occuper de ma femme, de ma fille et des gens autour de moi… j'étais un vrai désastre…

À nouveau le silence se fit.

- Est-ce que c'est vrai que tu as travaillé avec les bandits de Luminiumville ? demanda timidement la fillette.

- Oui… tu vois je voulais tellement réussir que j'ai été malhonnête. Oh je n'ai jamais tué personne, mais je me suis servi de moyens détestables. Et tout ça pour quoi ? Maintenant je me retrouve ici et tous mes milliards ne me servent à rien. Sur terre j'étais très riche. Mais en réalité, j'étais tellement pauvre ici, confia M. Babs en se touchant le cœur. Tu vois si je voulais te voir c'était pour que tu me pardonnes d'avoir été un mauvais père, un être humain qui ne pensait qu'à lui…

Dorine sauta dans les bras de son père :

- Bien sûr que je te pardonne, on fait tous des bêtises, c'est comme ça qu'on apprend…

M. Babs décoiffa sa fille en riant.

- Toi, tu es quelqu'un qui a du cœur, murmura-t-il. J'ai plus appris de toi que toi de moi.

- Est-ce qu'on se reverra ? souffla-t-elle.

- Un jour, quand tu seras une vieille dame avec une belle vie derrière toi, tu quitteras la terre et tu viendras ici. Alors on sera à nouveau ensemble. Mais si tu as besoin de mon aide pour le succès de ton entreprise, nous nous retrouverons avec Cœur-Cosmos.

- Est-ce que je réussirai ? murmura à nouveau la fillette.

- Rien n'est écrit à l'avance, mais oui, je l'espère.

M. Babs embrassa Dorine et s'éloigna d'elle. Soudain, il se retourna et l'interpella une dernière fois :

- J'ai oublié de te dire de te méfier de X et Y. Ce sont en fait des voyous. Ils travaillaient pour moi mais maintenant je pense que les chefs de la mafia luminienne vont les envoyer à tes trousses. Ils savent que tu es la clef du coffre et la moitié du luminium leur appartient.

Ils se dirent au revoir d'un signe de la main et chacun prit une autre direction. Dorine retrouva Cœur-Cosmos et s'assit près de lui. Tous deux admirèrent la beauté de la nature qui les entourait. Devant eux se dressaient trois magnifiques pics rocheux d'une hauteur gigantesque.

- C'est drôle, dit la fillette, ça me rappelle les tours de Luminiumville…

- Mais c'est tout de même plus calme, non ? lui répondit l'aïeul.

- Oui, c'est mille fois plus beau, acquiesça-t-elle.

- Tu sais Dorine, si tu veux réussir à retrouver ta maman il faut que tu apprennes à te servir de ton intuition.

- Mon intusion ? essaya-t-elle.

- Non, intuition. Avoir de l'intuition c'est être capable de ressentir les choses avec le cœur, expliqua Cœur-Cosmos avec un beau sourire.

- Il faut que je réfléchisse avec le cœur ?

- C'est ça ! affirma le sage, tu comprends vite. Tous les gens ne sont pas capables de se servir de leur intuition. Mais toi tu n'auras aucun problème pour y arriver. Dans le Cosmos toutes les choses sont unies ; on pourrait croire qu'elles ne le sont pas, mais en réalité elles le sont. Celui qui est calme et qui pense avec son cœur, avec son âme, celui-là est uni au Grand Esprit du Cosmos. Il peut donc ressentir des choses que seul le Très Haut sait.

- Moi je veux être l'amie du Grand Esprit, murmura Dorine.

- Lui aussi veut être ton ami, c'est pour ça qu'il m'a envoyé t'aider, conclut Cœur-Cosmos.

- Oh, regarde, je suis en train de disparaître, s'étonna Dorine.

- Oui, tu vas retourner sur la terre. Tu vas aussi retrouver André…

- Tête-de-casserole ? Quel pot de colle celui-là ! souffla la fillette.

Le sage éclata de rire :

- Crois-moi quand tu le verras, tout à l'heure, tu seras bien contente !

- Bof… Ce n'est qu'une machine de plus…

- Peut-être, lui répondit Cœur-Cosmos, mais tu dois être patiente avec lui car… André a un secret !

- Un secret ? Quel secret ?

- Rappelle-toi ce que je t'ai dit Dorine, je ne peux pas tout te dire.

- Oui c'est vrai… mais comment un androbot peut-il avoir un secret ? Tout est déjà programmé pour lui…

La petite était en train de disparaître complètement.

- Au revoir Dorine.

- Au revoir Cœur-Cosmos.

49 - ANDRÉ (androbot B23)

Le lendemain matin Dorine se réveilla en pleine forme. Dame zom-zom lui offrit un bon petit-déjeuner et lui proposa de visiter le zoo.

Peu après, la fillette se promenait dans les allées du parc. Elle n'aimait pas les zoos. Cela lui faisait mal au cœur de voir tous ces animaux en prison. "Ces pauvres bêtes ont l'air si triste. Ont-elles mérité de passer leur vie derrière des barreaux ?" s'interrogea-t-elle. Dorine se sentait mal à l'aise. Était-ce à cause du zoo ou bien y avait-il autre chose ? "C'est peut-être mon intuition qui m'avertit d'un danger…" Elle regarda autour d'elle et aperçut un groupe de jeunes hommes qui la regardait en la montrant du doigt.

- Tout ça ne me dit rien de bon, marmonna la petite en s'éloignant. Elle prit un autre chemin et accéléra le pas. Elle jeta un œil vers la foule et ce qu'elle vit lui glaça le sang : X et Y étaient là ! Dorine se cacha derrière un mur pour les observer. "C'est impossible… comment m'ont-ils retrouvée ?"

- Alors petite… on joue à cache-cache !

La bande de jeunes avait retrouvé la fillette. Ils étaient cinq autour d'elle. L'un d'eux ouvrit un petit sac et en montra le contenu à Dorine : c'était un boumeur. Tout en le laissant à l'intérieur, il l'empoigna et visa sa prisonnière :

- Je ne te conseille pas de faire la maligne !

- Par le Cosmos, grogna un autre, tu avais raison c'est la petite Babs ! On va mettre la main sur une sacrée récompense !

- Vous… vous ne pouvez pas m'emmener, dit Dorine les larmes aux yeux, je… je dois retrouver ma maman…

- Gne dois retrouver mo moman, singea l'un des voyous.

Les quatre autres ricanèrent.

- Je crois, moi aussi, qu'elle doit retrouver sa mère, lança une voix derrière le groupe.

Tous se retournèrent d'un bond.

- André, cria la petite en riant.

Celui qui tenait le sac sortit l'arme et visa André :

- Toi l'androbot, reste en dehors de ça et tes boulons resteront bien huilés.

L'androïde s'approcha du jeune homme. Outre son parapluie, il portait également une des mallettes de la banque. Il l'ouvrit en face du voyou dont les yeux se mirent à briller. Mais soudain il la referma et au même instant envoya un coup de pied dans le poignet de son adversaire. Le boumeur s'envola et tomba plus loin dans la mare aux crocodiles.

- Quelqu'un veut récupérer l'arme ? dit Dorine en souriant.

Deux garçons foncèrent vers André mais celui-ci sauta en l'air et de ses pieds frappa ses assaillants à la tête. Ils tombèrent, assommés. Deux autres plongèrent sur le robot. D'un coup de revers du pied droit, il neutralisa le premier alors que son poing gauche percutait le second. Les deux voyous s'effondrèrent. Le cinquième jeune homme attrapa Dorine :

- Si tu m'approches, sale machine, je lui tords le cou.

Mais Dorine réussit à pivoter et envoya un terrible coup de pied dans le tibia du voyou qui se mit à hurler. Il ne souffrit pas longtemps car le poing d'André l'envoya rejoindre ses camarades.

- Ne restons pas ici, dit l'androbot en prenant la petite fille par la main.

Ils se dirigèrent vers la foule et s'y mêlèrent.

- Je suis bien contente de te voir André ; Cœur-Cosmos avait raison, lui confia la petite.

- Qui ça ?

- Euh… un ami. C'est incroyable comme tu te bats. On dirait un tigre !

- Mon vrai nom n'est pas André, je suis un androbot B23. Les B23 sont des machines de combat.

- Mais comment as-tu fait pour me retrouver si vite ? demanda Dorine.

André s'approcha d'elle, arracha une petite pastille qui était collée à son vêtement, la jeta par terre et l'écrasa du pied.

- Il y avait un mini-émetteur sur votre habit, jeune Dorine. J'ai peur qu'il ait signalé votre position à d'autres personnes…

- X et Y ! s'exclama la fillette, je les ai vus !

- Soyons sur nos gardes et cherchons un moyen de filer d'ici.

- Oh ! Regarde là-bas, dans la cage, des do-destrous, dit Dorine en montrant les gigantesques lézards du doigt.

- Bah ! Regardez ces énormes dents et ces puissantes mâchoires. Les do-destrous sont très nuisibles, ils mangent de la roche ! lui répondit l'androbot avec dégoût.

- Pauvre tête-de-casserole ! lui lança Dorine avec affection. Ceux qui t'ont programmé ne devaient pas beaucoup aimer la nature et ses animaux. Mon ami, dans le royaume du Cosmos, aucune créature n'est inutile ou nuisible.

- Je sais que ces animaux sont capables de détruire des collines entières de roche tellement ils sont voraces, grogna André.

- Ils ne mangent pas de la roche, dit en riant la fillette, ils se nourrissent de la larve du do qui se trouve dans les rochers. Les dos sont de grandes sauterelles qui peuvent être dangereuses. Si elles sont trop nombreuses elles peuvent ravager des forêts entières. Tu vois, les do-destrous sont de gros lézards très utiles, même s'ils sont très laids, je le reconnais.

- C'est possible, murmura l'androbot.

- Ce n'est pas possible, c'est sûr, lui répliqua la petite. Toi et tes programmateurs, vous ne connaissez rien à la nature. Pour vous, elle n'est rien d'autre qu'une grosse usine gratuite faite pour vous fournir votre luminium et les autres composants de vos machines. Vous n'avez aucun respect pour la nature. Vous prenez tout ce qu'elle vous donne mais en échange vous ne rendez rien. Et dès qu'il y a quelque chose qui ne vous sert à rien, vous dites que c'est nuisible !

- C'est possible, répéta André.

- Pff… quelle tête-de-casserole celui-là ! râla

Dorine, à quoi bon discuter avec une machine !

Il y eut un silence et l'androbot reprit la parole :

- Jeune Dorine, j'ai une triste nouvelle à vous apprendre concernant votre père.

- Oui… je sais, je sais, souffla la petite.

- Ah bon et comment cela ? interrogea André.

- Je ne peux pas t'expliquer, dit Dorine tristement, tu ne comprends même pas les choses de la nature… comment pourrais-tu comprendre celles du Cosmos…

Leur conversation fut interrompue par une annonce sonore :

- Chers amis et visiteurs du zoo de Luminiumville, comme chaque année, notre zoo organise sa célèbre expédition aux contreforts des Monts-Bleus. Comme vous le savez, cette expédition a pour but de remettre dans la nature les animaux que nous avons en surnombre. Ensuite, les jet-fourgons reviendront avec de nouvelles espèces. Malheureusement un de nos conducteurs vient d'avoir un accident. Vous cherchez du travail, savez conduire un jet-fourgon et disposez de trois mois de liberté ? Veuillez vous présenter de toute urgence à la billetterie du zoo.

- Est-ce que tu sais conduire un jet-fourgon, André ? demanda aussitôt la fillette.

- Bien sûr, répondit l'androbot, je sais piloter tous les véhicules de la galaxie… à part peut-être le nouvel astrojet Cargo monoX2, mais il suffirait…

- Allez viens, dit Dorine en tirant André par la main, tu raconteras ta vie une autre fois, le temps presse !

Tous deux se mirent à courir mais subitement la fillette s'arrêta :

- Je ne peux pas partir ainsi, affirma-t-elle, il faut que j'aille remercier la famille zom-zom !

La petite fille et le robot filèrent alors dans l'autre direction. Ils furent bientôt dans la cabane où dame zom-zom préparait à manger.

- Je suis venue vous remercier, lui dit Dorine. Je pars avec mon ami André. Il va essayer de se faire embaucher comme conducteur de l'expédition du zoo.

- Je vais venir avec vous, lui répondit dame zom-zom, c'est mon cousin qui s'occupe de l'organisation des jet-fourgons. Il vous donnera le poste !

Ils s'apprêtaient tous à sortir, quand X et Y s'engouffrèrent dans la maisonnette.

- Non non, on ne va nulle part, tout le monde reste ici ! grognèrent les deux géants.

X s'adressa à l'androbot :

- André, c'est bon, ton travail est terminé, tu nous as livré la gamine. Tu peux disparaître. Garde la mallette et tâche de trouver une jolie androbot !

L'androïde obéit silencieusement et se dirigea vers la porte. Dorine fondit en larmes :

- André… tu… tu ne peux pas faire ça, tu ne peux pas m'abandonner !

Monsieur zom-zom descendit par un escalier :

- Qu'est-ce qui se passe ici ? maugréa-t-il, je vous préviens, j'ai averti la police !

Y dégaina son boumeur et le pointa vers le zom-zom.

- Toi le canasson reste dans ton écurie et tout ira bien !

L'androbot sortit. La fillette s'effondra sur le sol en pleurant :

- André…

X l'attrapa par la main et la força à se relever :

- Toi la mioche, tu vas pas commencer à nous pomper l'air ! Quant à vous les canassons, vous n'avez rien vu ! Il ne s'est rien passé ! Allez Y, on y va !

Y tendit la main pour ouvrir la porte quand celle-ci sortit de ses gonds et lui assena un coup violent sur le visage. Le colosse tomba par terre. André arriva en sautant et atterrit à grand bruit sur la porte qui avait basculé sur Y. Ce dernier était complètement assommé.

- André ! Sale traître ! hurla X, qu'est-ce qui te prend ?

Le robot lança avec force la lourde mallette dans la figure de X qui s'effondra deux pas plus loin. Dorine courut dans les bras de son sauveur :

- Oh tête-de-casserole ! Ma chère tête-de-casserole !

André caressa le dos de la petite. Il ramassa ensuite la mallette et l'ouvrit. Il prit une grosse barre de luminium et la tendit au couple zom-zom.

- Tenez, dit-il, c'est pour vous remercier d'avoir pris soin de Dorine.

DAN

- Oh c'est beaucoup trop, balbutia dame zom-zom qui n'avait certainement jamais vu autant d'argent de sa vie.

Le robot resta figé, le bras tendu, alors que les zom-zoms hésitaient à prendre la barre. Finalement Dorine saisit le luminium et le posa sur une étagère.

- Allez, fit-elle, le temps presse ! André doit se faire engager comme conducteur de l'expédition.

- Nous devrions attendre la venue de la police, proposa monsieur canasson.

- Ecoutez, chers amis, croyez-nous sur parole : nous n'avons rien fait de mal. Mais si la police nous retrouve, André risque de finir sa vie dans un laboratoire scientifique et moi dans un orphelinat !

- Alors dépêchons-nous, allons-y ! dit dame zom-zom.

Les deux canassons, l'androbot et l'enfant se hâtèrent de rejoindre l'expédition. Alors qu'ils marchaient au milieu de la foule du zoo, Dorine proposa à André de changer de vêtements. Ils trouvèrent un père et son fils et échangèrent leurs vêtements avec eux, contre une forte somme d'argent. L'androbot passait maintenant plus inaperçu qu'avec son vieux costume de toile. Le cousin zom-zom accepta qu'André conduise le jet-fourgon. Le robot et la fillette sautèrent dans la cabine du gros véhicule. Le convoi, composé de cinq jet-fourgons, se mit en route, puis s'arrêta brusquement.

- La police, murmura André.

- Regarde, ils sont dans le zoo là-bas, lui montra Dorine.

- Nous devons attendre cinq minutes, les gars, annonça la radio du jet-fourgon, c'est un contrôle de police.

- Il y a même le responsable de la police de Luminiumville, commenta l'androbot en montrant du doigt la silhouette lourde de Chef.

- Qui est cet étrange homme tout en blanc à côté de lui ? demanda la fillette.

- C'est le Colonel Kra, répondit André, un

personnage influent de la colonie kraouïne qui est installée sur Continent Est, par-delà l'océan. Les kraouïnes sont un peuple guerrier redoutable. J'ai bien peur que Kra soit à notre recherche.

L'androbot souleva une partie du siège passager. Il y avait un petit espace de rangement.

- Cachez-vous là-dedans, jeune Dorine, voilà un policier.

La petite disparut sous le siège alors qu'un enquêteur s'adressait à André :

- Licence du jet-fourgon ainsi que votre licence personnelle s'il vous plaît.

- Voilà, enquêteur, dit l'androbot en lui tendant les cartes.

Le militaire les examina un instant et les lui rendit :

- Très bien, tout est en ordre, affirma-t-il tout en fixant André intensément.

- Dites, j'ai l'impression de vous avoir déjà vu quelque part, non ?

- Je ne crois pas, marmonna l'androbot.

- Mmh… je suis sûr que si, objecta le policier.

- Enquêteur ! Enquêteur ! criait monsieur canasson qui arrivait en courant vers ce dernier.

Le zom-zom trébucha et tomba dans les bras

du militaire. Alors que ses deux bras supérieurs s'appuyaient sur l'enquêteur, ses deux bras du dessous lui volèrent son micro-T-phone.

- Euh… excusez-moi, bafouilla le canasson en se remettant sur ses jambes, on m'envoie vous appeler, vous devez retourner au zoo. Vos collègues n'arrivent pas à vous joindre !

- Qu'est-ce que c'est que cette histoire, râla le policier en portant naturellement la main sur son micro-T-phone.

- Par le Cosmos ! jura-t-il en cherchant l'appareil sur le sol, j'ai perdu mon T-phone ! C'est bon ! Vous pouvez partir ! cria-t-il au responsable du convoi avant de s'en aller en courant vers le zoo.

Les jet-fourgons de l'expédition se remirent en route. André fit un signe de remerciement de la main au canasson. Il souleva ensuite le siège et Dorine réapparut.

- C'est bon ? demanda-t-elle.

- Oui, lui répondit le robot, grâce à nos amis zom-zoms.

- Nous voilà donc partis vers les Monts-Bleus ? avança la fillette.

- Vers les Monts-Bleus ! affirma André.

Il y avait maintenant deux jours que les jet-fourgons de l'expédition du zoo avançaient dans la forêt profonde. Ils suivaient la large piste qui reliait Luminiumville à Détonation, la célèbre cité minière. Le convoi ne progressait pas très vite car l'un des véhicules avait des problèmes mécaniques au lumnoturbo.

Dorine s'était bien reposée dans la cabine du jet-fourgon. Elle avait ensuite admiré durant de longues heures les merveilleux paysages qui défilaient devant ses yeux. Elle était maintenant pensive, le regard perdu au loin. Elle se tourna vers l'androbot :

- André, tu avais été programmé pour me livrer à X et Y ?

- Oui, répondit-il simplement alors qu'il pilotait.

- Pourquoi ? demanda la fillette.

- Il était prévu que si M. Babs disparaissait, X et Y vous récupèrent afin de mettre la main sur le luminium du coffre de la banque. Ils travaillaient pour votre père mais aussi pour les bandits de Luminiumville. La moitié de l'argent du coffre appartient à ces bandits.

La petite se concentra un moment, comme si elle cherchait ses mots :

- Mais… comment as-tu… réussi à désobéir à ta programmation ?

À son tour, le robot resta silencieux.

- Je… ne sais pas, dit-il finalement, je vous avais laissée aux mains de X et Y, je m'éloignais de la cabane… la température de mon corps s'élevait anormalement… et puis il y a eu un flash lumineux et j'ai changé moi-même ma programmation. J'ai décidé de revenir vous libérer…

- Toi tout seul, tu as changé ton programme ? interrogea Dorine.

- Euh… oui, hésita André.

- Alors ça ! cria la fillette, tête-de-casserole tu es le genre de machine qui me plaît !

L'androbot esquissa un petit sourire. Dorine s'en aperçut. Elle pointa son doigt vers lui.

- Toi ! Toi, tu es heureux !

- Mmh… peut-être, murmura André.

- Si, tu es heureux ! répéta la petite en donnant une tape au robot, ça fait chaud au cœur, non ?

- Je ne crois pas être équipé de cœur, lui confia André.

- Oh moi je crois que tu dois avoir une sorte de bidule qui y ressemble ! se réjouit la fillette.

Elle resta un moment silencieuse puis ses yeux s'agrandirent :

- Ça y est ! Je comprends ! Tu as été capable d'aller contre ta programmation ! C'est ça ! C'est ça ton secret ! Tu es un androbot unique qui est capable de s'auto-programmer ! Tu es capable d'être comme un être humain, de changer ta destinée, de t'améliorer !

- De m'améliorer ? demanda André, pour être plus rapide ?

- Non de t'améliorer là, dit Dorine en pressant les mains sur sa poitrine. Maman m'a dit que c'est le but des êtres humains !

- Ah bon, s'étonna l'androïde, je croyais que c'était d'être plus rapide, d'avoir un meilleur rendement.

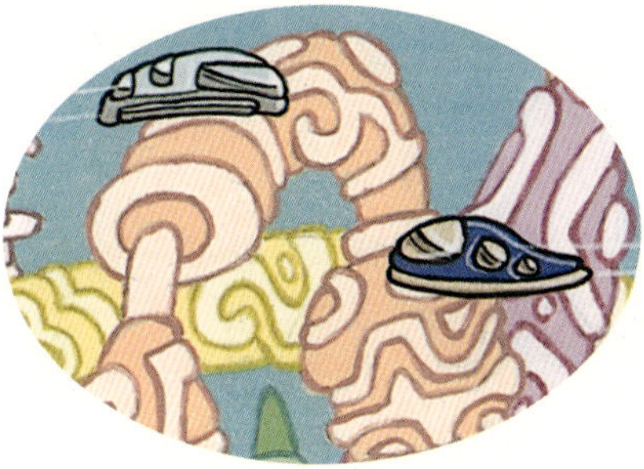

- Bah ! Ce sont des idées de robots ça ! murmura la fillette. Je suis sûre que maman avait raison : le but de la vie c'est de devenir meilleur dans son cœur.

L'expédition continua son lent voyage une journée de plus. Le convoi était de plus en plus ralenti par le jet-fourgon abîmé, ce dernier étant presque continuellement en surchauffe. Finalement, les cinq véhicules arrivèrent dans la ville minière de Détonation. Les habitants de cet endroit étaient d'une extraordinaire diversité ! On y trouvait toutes les races de l'univers. Les plus riches côtoyaient les plus pauvres. Tous rêvaient de trouver le filon de luminium qui ferait d'eux des milliardaires.

Malheureusement le lumnoturbo du jet-fourgon était hors d'usage. Il fallait en remettre un neuf. La réparation allait durer quatre jours, car il fallait attendre certaines pièces détachées. André et Dorine décidèrent de laisser l'expédition et de continuer seuls. Le soir venu, ils quittèrent leur hôtel afin que la petite puisse manger un morceau dans un resto-bar. Ils furent très discrets car il y avait beaucoup de policiers dans la ville. À table, le robot suggéra à la fillette :

- Jeune Dorine, je pense qu'il faudrait que nous trouvions un guide pour la suite de notre voyage.

- Hé, regardez là-bas, y'a une belle poupée ! cria un homme au loin.

L'androbot et la petite virent un groupe d'une dizaine de mineurs se diriger vers leur table. Ils avaient dû faire un repas bien arrosé et étaient soûls.

- Hé l'ami ! dit un des gars à André, c'est une jolie poupée que t'as là ! J'te l'achète !

Le mineur tendit une main pleine de pépites de luminium.

- Écoutez monsieur, je crois que vous avez consommé un peu trop d'alcool, lui répondit André, vous n'avez plus les idées très claires, pourquoi ne pas…

L'homme dégaina son boumeur qu'il mit sous le nez du robot :

- Moi je crois que c'est toi qu'as pas les idées très claires, espèce de petit minet de la ville.

- Ah, voilà la police, s'exclama André en montrant le fond de la salle.

La brute eut à peine le temps de se tourner

légèrement, que déjà le poing de l'androbot l'avait envoyé à terre, cuver son vin. Les autres mineurs du groupe foncèrent sur André, mais ils se heurtèrent à une véritable tornade : les coups du robot ne rataient jamais leur but. Bientôt ils furent tous au sol, en train de ronfler bruyamment. Dorine et le robot s'éclipsèrent après avoir réglé le repas. Alors qu'ils marchaient vers leur hôtel, André murmura :

- Je crois qu'il ne sera pas facile de trouver un guide de confiance dans cette ville mal famée.

- Je le crois aussi, lui répondit la fillette.

- Hep monsieur ! lança une voix derrière eux.

L'enfant et l'androïde se retournèrent et se retrouvèrent nez à nez avec un jeune homme souriant et amical. Il s'adressa à André :

- Dites, je vous ai vus vous battre à l'instant contre ces gars : je suis très impressionné !

- Oh, ils étaient complètement ivres, confia l'androbot.

- Mais ils étaient quand même onze ! continua l'inconnu, vous ne chercheriez pas du travail par hasard ?

- Quel genre de travail ?

- Voilà, je vous explique : mon père vend et

installe du matériel d'extraction minière. Je pars demain pour livrer des machines à un client. Le problème, c'est que le filon de ce client se trouve dans un endroit très montagneux. Nous sommes obligés d'effectuer cette livraison à cheval et à chariots à zmreufs. Le territoire que nous allons parcourir fourmille de pirates des bois. Je dois donc engager des hommes pour protéger notre convoi.

- Dans quelle direction allez-vous ? interrogea Dorine.

- Au nord, vers les Monts-Bleus. Est-ce que ça vous intéresse ? demanda l'homme en souriant.

- Oui, je crois que ça devrait nous convenir, conclut André.

Le lendemain matin l'expédition minière quitta la cité de Détonation. Le convoi était constitué de trois chariots tirés par trois impressionnants zmreufs, des quadrupèdes à trompe et à longue fourrure rousse. Dans les chariots se trouvaient le matériel minier ainsi que le campement pour le bivouac. Il y avait sept chevaux montés chacun par André, Dorine, M. Za-rhor (le jeune homme responsable de l'expédition), son assistant, et trois mercenaires ob-zha-nés. Les ob-zha-nés étaient connus pour leur grand sens de l'honneur. Ils immigraient sur la planète Turquoise pour les hauts salaires qu'on leur proposait. Ils venaient d'une planète lointaine, Zha, qui était enveloppée d'un nuage de particules d'astéroïdes. De ce fait, très peu de lumière régnait là-bas. C'est pourquoi les ob-zha-nés étaient obligés de se protéger contre le soleil de Turquoise en se couvrant totalement le corps et la face. Personne ne connaissait la véritable apparence de ce peuple. Les ob-zha-nés ainsi qu'André avaient été engagés pour assurer la sécurité du convoi.

Trois jours passèrent tranquillement. Les gros zmreufs tiraient lentement les chariots le long de sentiers parfois escarpés. L'androbot et les ob-zhanés étaient postés autour du convoi et surveillaient les alentours. Dorine, sur son poney, alla rejoindre André. Elle resta silencieuse.

- Vous n'avez pas l'air très contente, jeune Dorine, nota le robot, nous nous rapprochons pourtant de notre destination.

- Oui… c'est vrai, murmura la fillette.

- Avez-vous un problème de santé ? demanda André.

- Non… je ne sais pas… j'ai une sorte d'intuition, quelque chose va de travers…

- Tout va pourtant bien, lui assura André, nous avons même un magnifique ciel bleu !

- Tu ne trouves pas qu'il est un peu étrange ce M. Za-rhor, toujours souriant, un peu mielleux ? chuchota Dorine.

- C'est un jeune homme, c'est de son âge d'être toujours sûr de lui, lui répondit l'androbot. Croyez-moi jeune Dorine, profitez de la promenade et du beau temps et laissez de côté votre drôle d'intuition !

- Tu as peut-être raison, hésita la petite, du moins je l'espère…

Plus tard en début de soirée, Dorine chevauchait tranquillement à côté d'un zmreuf. L'énorme animal arrachait de temps en temps un peu d'herbe avec sa trompe et l'enfournait dans sa bouche. “C'est incroyable que ces mastodontes soient si gigantesques en ne mangeant que de l'herbe…” pensa la fillette. Soudain le zmreuf donna un grand coup d'encolure pour tirer son chargement. La secousse ébranla les caisses du chariot et le couvercle de l'une d'elles glissa légèrement, laissant entrevoir son contenu. Dorine risqua un œil. Ce qu'elle vit la saisit d'étonnement !

- Des pierres, s'exclama-t-elle, ces caisses sont pleines de pierres ! Qu'est-ce que c'est que cette histoire ?

La petite lança son poney au galop et partit retrouver l'androbot qui patrouillait plus haut.

- André, André ! lui cria-t-elle en le retrouvant, j'avais raison ! Ce convoi est louche ! Les caisses sont remplies de pierres ! Je crois bien que…

Les trois ob-zha-nés les rejoignirent au triple

galop, boumeurs aux poings. Ils visèrent l'enfant et la machine :

- Allez, descendez doucement de vos chevaux ! Et pas d'imprudence, hein !

Za-rhor et son assistant furent les derniers à arriver. Un des ob-zha-nés s'approcha d'André pour lui retirer son arme et lui mettre des menottes.

- Méfiez-vous de lui, avertit Za-rhor, cet androbot peut être une vraie furie.

- Nous l'avons dans nos viseurs, dit un autre ob-zha-né, au moindre geste suspect nous le désactivons !

Mais André se laissa faire.

- Qui êtes-vous ? interrogea Dorine.

Le jeune homme ne lui répondit pas, il s'adressa à l'un des gardes :

- Vous aviez raison, Colonel, cette petite est très intelligente !

L'ob-zha-né retira son vêtement, ses lunettes et son turban. Le Colonel Kra apparut :

- C'est vrai ! Il n'a même pas fallu trois jours à cette enfant pour découvrir la supercherie !

À leur tour, les deux autres ob-zha-nés retirèrent leurs costumes. Ils étaient en fait des guerriers kraouïnes.

- Comment nous avez-vous retrouvés si vite ? demanda l'androbot.

- Ce sont vos amis zom-zoms qui nous ont dit que vous participiez à l'expédition du zoo.

- Vous ne leur avez pas fait de mal au moins ? s'inquiéta la fillette.

- Non ! se moqua le Colonel Kra, ces pauvres canassons sont très influençables ! La police leur a donné le choix entre dix ans de bagne et une somme de dix mille lumnos. Ils n'ont pas hésité longtemps pour nous dire où vous étiez.

- Et pourquoi toute cette mise en scène ? Il aurait été plus simple de nous arrêter à Détonation, lança André.

- Pas tout à fait, car voyez-vous, je ne travaille plus pour la police luminienne. J'ai donné ma démission à cette bande d'incapables, ricana le Colonel. Je sers donc à nouveau mon gouvernement et mon pays : Continent Est ! Voilà pourquoi nous avons monté ce guet-apens : pour vous éloigner de Détonation. Nous nous dirigeons maintenant vers l'endroit où nous avons caché nos astrojets. Nous n'en sommes plus bien loin…

- Qu'allez-vous faire de nous ? risqua Dorine.

- Je garderai l'androbot pour l'analyser, le reproduire et en équiper mon armée. Quant à toi, je te vendrai au plus offrant : la justice ou la mafia luminienne…

- Que fait-on des zmreufs, Colonel ? On les libère ? questionna l'un des kraouïnes.

- Oui. La nuit va bientôt tomber. Installez le camp ici. Demain matin nous partirons retrouver nos astrojets et nous filerons chez nous ! Cette forêt commence à m'exaspérer !

Dorine marchait dans une clairière. Elle se mit à courir dans la pente. Elle courait de plus en plus vite alors que le terrain était terriblement abrupt. Au-dessous, s'étendait une vallée magnifique. Finalement, ses pieds quittèrent le sol et la fillette se mit à planer au dessus du superbe paysage. L'air était doux et la lumière de fin d'après-midi éclairait les montagnes de teintes pastel délicieuses. De temps en temps, Dorine se laissait descendre en piquant vers la cime des arbres dont elle caressait parfois les feuilles au passage. Quand elle voulait remonter, elle faisait quelques brasses et reprenait ainsi de l'altitude.

L'enfant admirait le décor grandiose. Elle croisa trois grands échassiers.

- Bonjour, leur lança-t-elle. Les oiseaux lui répondirent par un cri aimable et rieur. Et bientôt, Dorine reconnut les trois gigantesques pics rocheux qu'elle avait vus lors de sa première rencontre avec le sage Cœur-Cosmos. Elle s'amusa à virevolter autour des pics et aperçut le vieux Whogi qui lui faisait signe. Elle fonça aussitôt dans sa direction et se posa en douceur à ses côtés.

- Je suis contente de te retrouver Cœur-Cosmos, dit la fillette avec affection.

- C'est une grande joie pour moi aussi, affirma le sage avec un grand sourire, alors comment ça va ?

- Pas très bien, j'en ai peur… balbutia Dorine.

- Est-ce que c'est si grave ? demanda Cœur-Cosmos.

- Plutôt oui ! André et moi sommes prisonniers du Colonel Kra, il va nous emmener à Continent Est.

- Tout est fini alors ? interrogea encore le maître Whogi.

- Ça m'en a l'air… André a des menottes dans le dos et moi… je suis bien petite face à des guerriers kraouïnes.

La petite fille baissa la tête et deux larmes coulèrent de ses yeux, elle renifla bruyamment. Il y eut un silence. Le sage prit la parole :

- Dis-moi Dorine, est-ce que tu aurais envie de lire une histoire d'anges qui jouent de la harpe pendant trois cents pages ?

- Pas trop, non… hésita la fillette en relevant la tête.

- Et bien la vie sur terre c'est pareil, ce n'est pas une histoire d'anges qui jouent de la harpe. La vie sur terre ce n'est pas le paradis des plaines éternelles, mais plutôt une longue aventure remplie de rebondissements. Après la pluie vient le beau temps et après le beau temps, la pluie.

- On ne peut pas trouver le paradis sur terre ? questionna la petite.

- Ni le paradis, ni la perfection, ni le bonheur qui dure.

- Alors il faut mourir pour trouver le bonheur ? s'inquiéta Dorine.

- Non, sourit Cœur-Cosmos, il n'y a qu'un seul endroit où l'on peut trouver toutes ces choses, et tu sais où c'est !

- Là, dit la fillette en plaçant une main sur son cœur.

- Oui, c'est là que se trouve le paradis portable. C'est là que se trouvent le bonheur, l'amitié, le succès et tout le reste. C'est avec le cœur que l'on peut contacter le Cosmos qui nous guide ensuite. Si nous vivons toutes ces aventures sur terre, c'est pour apprendre à nous servir de notre intuition et développer notre foi en la vie.

- C'est quoi le foi ? interrogea la petite.

- La foi : c'est de n'avoir jamais peur, d'avoir confiance dans le Grand Esprit qui habite les galaxies ainsi que chaque particule de notre corps, répondit le Whogi. Ne jamais oublier la grande perfection qui est cachée dans le Cosmos. Est-ce que tu as foi dans le Grand Esprit ?

- Oui, j'ai foi en lui.

- As-tu vraiment foi dans le Grand Esprit du Cosmos ? répéta Cœur-Cosmos.

- Oui totalement, affirma Dorine.

- Alors pourquoi t'inquiètes-tu d'être prisonnière du Colonel Kra ? lança le sage avec un sourire espiègle.

- Je… j'ai manqué de foi, bafouilla la petite.

- C'est ça, dit Cœur-Cosmos en riant. Très bien, maintenant assieds-toi. Respire doucement et calme-toi.

Ferme tes yeux. Sois très détendue. Concentre-toi avec tout ton cœur et tout ton esprit sur la beauté du Cosmos. Essaye de l'imaginer sous une forme de lumière, ou même sous l'apparence d'un homme ou d'une femme au cœur pur…

- Je l'imagine sous ton apparence, Cœur-Cosmos, murmura la fillette les yeux fermés.

- D'accord, concentre-toi avec tout ton cœur, dit-il à nouveau, oublie tout le reste, ne pense à rien d'autre et avec tout ton amour demande au Maître du Cosmos ce dont tu as besoin. Si tu veux juste lui parler, parle-lui. N'oublie jamais de lui dire que tu l'aimes.

Il y eut un moment de silence. Le Whogi ferma lui aussi les yeux et médita et pria le Très Haut.

- Très bien, tu peux rouvrir les yeux Dorine. Il va être temps pour toi de retourner sur terre.

La petite se jeta dans les bras du vieux sage :

- Merci pour tout ce que tu fais pour moi!

- Ça en vaut la peine, crois-moi, lui souffla Coeur-Cosmos. Nous autres, maîtres Whogis, nous sommes là pour guider ceux qui désirent évoluer vers la lumière, ceux qui veulent à nouveau être un avec le Grand Esprit du Cosmos.

L'enfant s'éloigna en saluant le vieil homme et lança :

- Tu sais, j'ai trouvé le secret d'André : c'est un androbot incroyable qui est capable de s'auto-programmer !

- C'est vrai, lui répondit Cœur-Cosmos, mais ce n'est pas ça son grand secret, c'est quelque chose de beaucoup plus surprenant !

- Ah bon ? s'étonna Dorine.

- Sois patiente, jeune fille, tu le découvriras bientôt.

- Au revoir, mon ami.

- À bientôt, mon amie.

Dorine s'éveilla au milieu de la clairière où les hommes du Colonel Kra avaient dressé le camp. Il faisait encore nuit mais la petite était reposée et se sentait en pleine forme. Un kraouïne veillait près d'elle, l'arme au poing. Elle l'ignora, s'assit, ferma les yeux et se concentra sur Cœur-Cosmos. Elle se détendit et pensa très fort à son ami indien. Sa respiration se ralentit et elle s'adressa en silence au Grand Esprit. Elle lui dit des mots d'amitié et de foi, elle n'oublia pas de lui dire qu'elle avait confiance en lui et qu'elle l'aimait très fort. Alors, elle sentit sa poitrine et son cœur vibrer d'un immense amour et d'un bonheur véritable.

Elle n'avait jamais été si heureuse. Elle avait l'impression que le Très Haut lui parlait, qu'il lui disait : “Est-ce que je n'ai pas toujours été là pour prendre soin de toi depuis que je t'ai donné la vie ? Alors garde toute ta confiance en moi : tu ne seras plus prisonnière bien longtemps.”

- Debout petite ! grogna le kraouïne en la poussant du bout du pied.

Le soleil se levait et les guerriers s'apprêtaient à partir. Le groupe déjeuna avant le départ. Alors que le Colonel Kra et Za-Rhor discutaient ensemble, la fillette s'adressa à l'androbot :

- André... chuchota-t-elle, tiens-toi prêt ! Quelque chose va arriver...

- Quoi ? murmura à son tour l'androïde, qu'est-ce qui va arriver ?

- Un coup de pouce du destin...

- Un coup de pouce du... ?

- Silence ! ordonna Kra, allez, on a assez traîné, on y va ! Et vous deux, vous avez intérêt à bien vous tenir !

Plus tard dans la matinée le groupe avançait en file indienne sur un sentier rocailleux. Ils portaient tous des costumes ob-zha-nés, même André et Dorine. On aurait pu croire qu'il s'agissait d'une caravane ob-zha-née, composée de six adultes et un enfant. Un guerrier kraouïne pointait constamment son arme sur l'androbot. Au loin on entendit une sorte d'explosion.

- Qu'est-ce que c'est ? Une exploitation minière ? demanda le Colonel Kra.

- J'ai bien peur qu'il s'agisse plutôt d'un orage, répondit le jeune Za-Rhor.

Au fur et à mesure que les cavaliers avançaient, le ciel s'assombrissait. Les grondements de tonnerre se faisaient de plus en plus proches et menaçants.

Za-Rhor arrêta sa monture et se tourna vers Kra :

- Je crois que nous allons droit vers une tempête, Colonel.

- J'ai lu que les tempêtes ici pouvaient être de véritables ouragans, commenta Dorine.

- Toi on ne t'a pas causé ! aboya l'un des guerriers.

- Elle a raison, renchérit Za-Rhor, sur cette chaîne de montagnes, les orages peuvent être de véritables cataclysmes !

- Mes capteurs analysent des vents d'une rare violence, ajouta André.

- Pff… souffla le Colonel Kra, dépité, j'ai horreur de toute cette nature…

À ce moment là, une grosse fiente d'oiseau vint s'écraser sur son épaule. Dorine leva les yeux et vit les trois échassiers qu'elle avait croisés dans son dernier rêve.

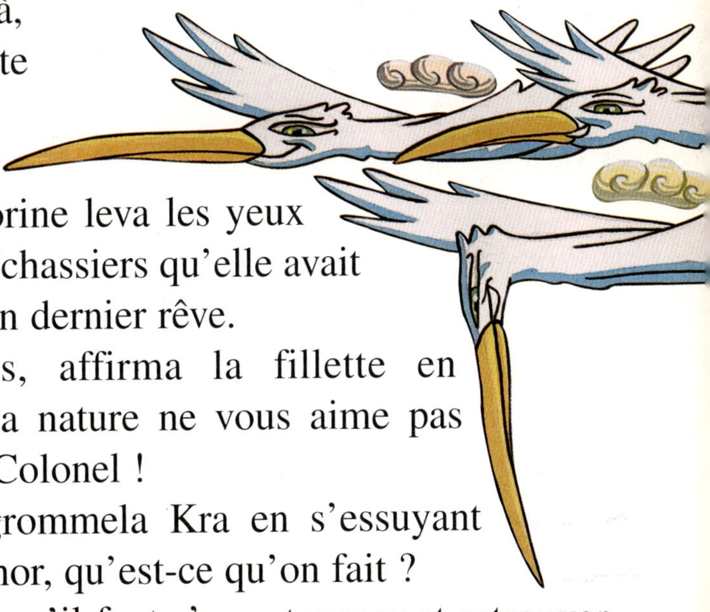

- Je crois, affirma la fillette en souriant, que la nature ne vous aime pas trop non plus, Colonel !

- Bon ! grommela Kra en s'essuyant l'épaule, Za-Rhor, qu'est-ce qu'on fait ?

- Je pense qu'il faut s'en retourner et retrouver

le chemin qui longe la rivière. Nous prendrons ce sentier, il est plus long, mais il n'y a pas de risque d'orage violent par là-bas.

- Allez, grommela le Colonel en faisant tourner son cheval, ne perdons plus de temps !

La petite troupe suivait la rivière depuis un moment lorsqu'elle aperçut des cavaliers au loin. Le Colonel Kra se tourna vers Dorine et André :

- Attention hein ! Soyez bien sages lorsque nous croiserons ces gens !

Mais plus Dorine se rapprochait de l'autre groupe, plus l'homme de tête lui semblait familier. “Ô Cosmos!… s'exclama-t-elle intérieurement… est-ce toi qui a organisé cette rencontre surprenante ? ” En effet, elle venait de reconnaître le cavalier : c'était X ! Et derrière lui, il y avait Y !

Leur colonne s'apprêtait à croiser celle du Colonel Kra. Les deux malfrats ne prêtèrent aucune attention à la petite et à l'androbot qui étaient cachés sous leurs vêtements. Mais lorsque X croisa Dorine, celle-ci arracha l'étoffe qu'elle portait sur le visage en s'écriant :

- Alors les touristes, toujours à ma recherche ?

Les yeux de X sortirent presque de leurs orbites tant il fut étonné. Mais instinctivement il brandit son bras pour attraper la fillette. Elle esquiva l'attaque en sautant de son poney. Un guerrier kraouïne plongea sur X pendant qu'André s'éjectait de sa monture. Un autre kraouïne bloqua Y qui tentait de capturer l'androbot.

Tout alla très vite. Dorine se précipita vers André, lui saisit la main et, ensemble, ils dévalèrent sur les fesses la pente qui descendait vers la rivière. Au-dessus d'eux, les hommes se bagarraient maintenant avec fureur. La fillette et le robot glissèrent jusqu'au bord d'une petite falaise qui surplombait le cours d'eau. Sans hésitation, ils sautèrent dans la rivière dont le courant puissant les emmena au loin. Peu après ils grimpèrent sur un gros tronc d'arbre et s'y installèrent. Le fleuve les emmenait loin de leurs ennemis.

- J'espère qu'on ne retourne pas vers Détonation, s'inquiéta Dorine.

- Non, la rassura André, ce cours d'eau longe les territoires des indiens de la Nation du…

- Quoi ?

- Entendez-vous ce grondement, jeune Dorine ?
- Euh... oui, ça doit être l'orage...
- J'ai bien peur que votre fameuse intuition soit en panne... murmura l'androbot.
- Des... des... cascades ! balbutia la petite.

Pris de court, ils furent précipités dans un brouillard et un vacarme assourdissant. La poitrine de Dorine fut écrasée par la peur. "Finalement je lirais bien une histoire d'anges qui jouent de la harpe pendant trois cents pages !" pensa-t-elle avant de disparaître dans les eaux profondes et tumultueuses de la rivière. Son corps était ballotté dans tous les sens, elle ne savait plus où était la surface. Elle nageait instinctivement mais elle commençait à suffoquer. "Ce coup-ci c'est vraiment la fin !" se dit-elle. Une douce voix résonna alors dans son cœur : "Est-ce que je n'ai pas toujours été là pour prendre soin de toi ? Alors garde toute ta confiance en moi !"

À ce moment précis, la fillette sentit que quelqu'un la tirait vers la surface. Sa tête surgit hors de l'eau, elle put remplir ses poumons d'air frais.

- André ! s'écria-t-elle en découvrant celui qui l'avait ramenée des profondeurs.

- Je crois qu'il serait plus sage de suivre la rivière en marchant sur la rive !

Les deux amis nagèrent jusqu'à la berge. Ils s'y assirent et reprirent leur souffle. Ils examinèrent l'impressionnante chute d'eau qui tombait de la falaise.

- Eh ben, soupira Dorine, ils ne sont pas près de nous rattraper !

- À moins qu'ils ne prennent le même raccourci ! souffla l'androbot en souriant.

- Ce serait drôle de voir le Colonel Kra devenir encore plus pâle !

Ils éclatèrent de rire et n'entendirent pas les bruits de sabots qui arrivaient. Quand ils les perçurent, ils essayèrent de se dissimuler dans des buissons, mais il était trop tard !

- À quoi bon vous cacher ? Vous êtes aussi discret qu'un zmreuf au galop ! Allez, sortez de votre cachette, je ne vous ferai pas de mal…

Les deux compagnons se levèrent prudemment et se retrouvèrent face à un indien de la Nation du Cercle. C'était un beau jeune homme aux yeux d'un magnifique bleu turquoise. Il montait un étalon superbe accompagné par deux chevaux de bât.

- Je m'appelle Beauregard, annonça alors le garçon.

- Et nous sommes Dorine et André, répondit la fillette.

Un peu plus tard, les deux rescapés se séchaient devant un bon feu en discutant avec Beauregard. Ce dernier leur proposa de la nourriture. Dorine accepta goulûment mais André refusa poliment, préférant exposer son corps, torse nu, à l'énergie directe du soleil.

- Alors comme ça vous avez fait le grand saut ? questionna le jeune homme en montrant la cascade.

- Oui… nous n'avions pas vraiment le choix, marmonna Dorine.

- Mm… je comprends, confia Beauregard en devinant que les luminiens étaient des fugitifs. Nous autres jeunes indiens nous faisons souvent ce saut pour nous amuser !

- Vous avez de drôles d'occupations…

- Bah ! Ça nous passe avec l'âge… Est-ce que je peux vous demander ce que vous faites sur les territoires de la Nation du Cercle ?

- Je recherche Simla, c'est une indienne, c'est… ma mère…

- Des Simla il y en a beaucoup… Quelle est sa tribu ?

La fillette resta immobile, bouche bée. Elle comprit qu'elle avait peu de chances de retrouver sa maman puisqu'elle ne savait même pas d'où elle venait. Beauregard, qui était un homme doux, essaya de l'aider :

- La tribu de Ceux-des-Falaises, Ceux-de-la-Forêt, Ceux-des…

- Je ne sais pas… coupa Dorine alors que deux larmes coulaient sur ses joues.

- Est-ce que tu ne connais pas un parent à elle ou un ami qui pou…

"Je m'appelle Cœur-Cosmos, je viens de la tribu de ta maman." Les paroles du vieux Whogi resurgirent subitement en elle.

- Cœur-Cosmos ! Cœur-Cosmos ! Est-ce que tu le connais ? cria-t-elle.

- Plutôt oui ! C'est un grand maître Whogi et le

grand-père d'un bon ami à moi. Sa tribu est Ceux-de-la-Forêt, elle n'est pas très éloignée de la mienne, Ceux-du-Lac.

- Est-ce qu'on peut y aller ? demanda Dorine en se levant d'un bond.

Beauregard la prit gentiment par la main et la fit se rasseoir :

- Calme-toi, voilà ce que je te propose : toi et ton... ami... (le garçon sentait bien qu'il y avait quelque chose d'étrange à propos d'André) vous venez avec moi dans ma tribu. Vous vous reposez un jour ou deux, et nous irons ensuite chez Cœur-Cosmos. Ça me donnera l'occasion de revoir son petit-fils, Puma-Le-Rouge.

Dorine accepta la gentille proposition de Beauregard. Ils arrivèrent chez Ceux-du-Lac le soir même.

Le lendemain ils se reposèrent. Et le jour suivant, ils se rendirent chez Ceux-de-la-Forêt.

Dès qu'ils pénétrèrent dans le village, Beauregard les emmena dans la hutte d'Aigle-Droit. Il frappa à la porte.

- Aigle-Droit est le chef de la tribu, il est aussi le fils de Cœur-Cosmos et le père de mon ami Puma-Le-Rouge, confia le jeune homme, je dois l'informer de la situation.

La porte s'ouvrit et un grand guerrier aux longs cheveux grisonnants apparut :

- Beauregard ! s'écria-t-il de sa voix grave et puissante, qu'est-ce qui t'amène ? Entre, avec tes amis.

Le jeune homme expliqua rapidement la raison de sa venue. Après un moment de silence, Aigle-Droit s'adressa à Dorine :

- Quel est le nom de ta maman ?

- Elle s'appelle Simla…

- Simla… oui… elle nous a quittés il y a de nombreuses années. Elle est partie avec un luminien. Nous lui avions déconseillé ce choix, mais elle ne nous a pas écoutés…

- Vous… vous… voulez dire que vous ne l'avez jamais revue ? demanda la fillette, la voix tremblotante.

- Jamais plus !

Dorine regarda le sol, désemparée, les yeux remplis de larmes. Mais elle se souvint de Cœur-Cosmos.

- Cœur-Cosmos ! Lui il sait où elle est, il me l'a dit dans un rêve-vision.

Le grand guerrier fut étonné que cette petite fille ait pu rencontrer son père dans un rêve spirituel.

- Malheureusement, Cœur-Cosmos est en retraite dans la forêt, expliqua-t-il. C'est un vieux monsieur à présent et il a gagné le droit de laisser les choses matérielles de côté pour se consacrer à la méditation et la prière. Personne ne sait où il est, ni quand il reviendra. Il se pourrait même qu'un jour il ne revienne plus.

Dorine se sentit soudain complètement abandonnée et faillit s'évanouir.

Venez, je vais vous présenter à mon ami Puma-Le-Rouge et à sa femme Prélude-d'Étoile, annonça Beauregard en sortant de la hutte d'Aigle-Droit.

Ils traversèrent tous les trois le village. Dorine suivait Beauregard à grand peine tant son cœur était lourd. Elle se demandait où sa maman avait bien pu disparaître. Elle entendit des rires et leva la tête. Elle découvrit alors un curieux spectacle :

Une belle jeune femme aidée par une fillette jetaient des petites pierres vers un jeune guerrier aux cheveux roux. Celui-ci faisait tournoyer une hache dans ses mains agiles. Il frappait les cailloux avec la partie métallique de l'outil, propulsant les projectiles dans tous les sens.

- Plus vite ! Plus vite ! criait-il alors que les filles accéléraient le rythme.

Beauregard ramassa une pierre qu'il lança dans les fesses du rouquin. Celui-ci sursauta en se retournant.

- N'oublie pas de surveiller tes arrières, jeune Whogi ! dit Beauregard en gardant son sérieux. Puis il éclata de rire et tous l'imitèrent, même Dorine.

Le guerrier lâcha son arme et prit son ami dans les bras :

- Beauregard, qu'est-ce que tu fais ici ?

- Puma-Le Rouge, comment vas-tu ?

Ce dernier eut un mouvement de recul en apercevant les deux luminiens.

- Ce sont des amis, assura Beauregard à son camarade.

- Ah... bien... alors venez dans notre hutte boire et manger quelque chose.

Tous les six passèrent la soirée ensemble. La jeune femme était Prélude-d'Étoile, l'épouse de Puma-Le-Rouge qui, lui-même, était le petit-fils de Cœur-Cosmos. La petite fille s'appelait La-Racine, elle était la sœur de Prélude-d'Étoile. Beauregard raconta l'histoire de Dorine qui recherchait sa mère, Simla. La fillette apprit que sa maman était une cousine de Prélude-d'Étoile et de La-Racine. Ça lui fit tout drôle de se retrouver en famille, elle qui n'en avait jamais eu ! Les indiens eurent du mal à croire qu'André était une machine. Il réussit à les convaincre en jonglant avec quatre verres d'eau sans en renverser une goutte.

Dorine prit beaucoup de plaisir à cette soirée en chaleureuse compagnie. Elle se disait : "Peut-être que le but de mon aventure n'était pas de trouver ma maman mais de retrouver ma famille indienne... peut-être... que..." Bien calée dans de moelleux coussins, réchauffée par la douce chaleur de la cheminée, elle s'endormit.

- Dorine… eh… Dorine…

Une main la poussait doucement sur le côté pour la réveiller.

- Quoi… fit-t-elle en entrouvrant les yeux. Cœur-Cosmos ! Tu es là ! Tu es revenu !

Elle se leva d'un bond et se trouva face aux trois pics des plaines éternelles.

- Oh c'est un rêve-vision, dit-elle ; Cœur-Cosmos tu es en ce moment dans la forêt de la Nation du Cercle : où peut-on te retrouver ?

- Quelle importance ? murmura le vieux Whogi, tu me retrouves dans tes rêves, non ?

La fillette prit la main de Cœur-Cosmos :

- S'il te plaît mon ami, dis-moi où est ma maman…

- Ce n'est pas à lui de te le dire, lança une voix derrière elle, c'est à moi !

- Papa ! s'exclama Dorine en se retournant, tu sais où est maman et tu ne me l'as pas dit ?

M. Babs resta debout face à sa fille et baissa les yeux, honteux :

- La dernière fois, j'ai eu déjà tellement peur de t'avouer que j'avais travaillé avec des bandits... comment aurais-je pu trouver la force de te dire que j'avais fait emprisonner ta mère…

- Tu as mis maman en prison ?

- Oui… avoua M. Babs, après une longue inspiration. Simla n'a pas été longue à découvrir que je travaillais avec la pègre de Luminiumville. Elle m'a menacé de repartir dans sa tribu en t'emmenant si je n'arrêtais pas mon association avec ces malfrats. Mais il était trop tard ; si j'avais fait marche arrière ces gens-là m'auraient liquidé, ainsi que toute ma famille. Alors j'ai confié Simla à M. Lu Zi, un des grands patrons de la mafia luminienne. Et il l'a enfermée dans sa forteresse, près de Détonation.

- Où est-ce exactement ? demanda Cœur-Cosmos.

- C'est au nord de la ville, dans la Vallée des Six Ours.

- Ce n'est pas très loin de l'endroit où tu te trouves en ce moment, précisa l'aïeul, tu pourras…

- Papa… (Dorine voyait que son père partait la tête basse) je t'aime… et… je ne t'en veux pas !

Un large sourire illumina alors le visage de M. Babs, il disparut en levant un bras en signe d'adieu. Cœur-Cosmos reprit :

- Écoute Dorine : ce monsieur Lu Zi qui retient ta maman prisonnière est un personnage ténébreux. Je le ressens comme un être très négatif. J'ai bien peur qu'il se prépare à tuer Simla !

- À tuer maman ! Mais pourquoi ?

- Il la gardait vivante tant qu'il était en association avec ton père. Mais maintenant que M. Babs a… quitté la terre… eh bien il n'a plus d'obligation envers lui et il pense qu'il sera plus tranquille en se débarrassant de sa femme. Va Dorine, préviens Puma-Le-Rouge et André, ne perds pas de temps.

- Ils veulent tuer Simla ! cria la petite en se réveillant subitement dans la hutte de Puma-Le-Rouge.

Tous la regardèrent avec de grands yeux étonnés.

- Qui veut la tuer ? demanda Prélude-d'Étoile avec douceur.

- Les bandits de Luminiumville ! Ils la gardent prisonnière dans une forteresse à côté de Détonation !

- Comment sais-tu cela ? interrogea Puma-Le-Rouge à son tour.

- Je viens de rencontrer Cœur-Cosmos et mon père dans un rêve…

- Ou bien cette petite a des hallucinations, ou bien elle a une âme très pure… chuchota Beauregard à l'oreille de son ami…

- Elle n'a jamais rencontré Cœur-Cosmos, lui murmura-t-il, elle n'a pas pu l'inventer. Je crois que…

- Vite ! hurla Dorine. Ils peuvent la tuer d'un moment à l'autre ! Cœur-Cosmos a dit de ne pas perdre de temps !

Le lendemain matin, à l'aube, Puma-Le-Rouge, Beauregard, André, Prélude-d'Étoile et Dorine quittèrent le village de Ceux-de-la-Forêt. La veille, très tard, Aigle-Droit, le chef de la tribu, avait donné son approbation à son fils pour diriger une expédition à la Vallée des Six Ours. Il leur fallut deux jours pour arriver sur les lieux. Leur stupéfaction fut grande lorsqu'ils aperçurent, au loin, une massive construction qui ressemblait à une forteresse.

- Regardez ! s'écria André, un groupe sort de la bâtisse.

- Oui, c'est vrai, confirma Puma-Le-Rouge, de qui peut-il bien s'agir ?

L'androbot concentra son regard :

- Il semble que ce soient des femmes, des indiennes…

- Le soleil se couche, elles doivent rentrer chez elles. Elles travaillent probablement pour ce M. Lu Zi, intervint Beauregard.

- Je vais essayer de les rencontrer, proposa aussitôt Prélude-d'Étoile, je tenterai d'avoir des informations…

- C'est une très bonne idée, Prélude, nous t'attendrons ici, dans cette clairière. Mais sois prudente, ajouta son mari.

Quand elle revint, le camp était déjà dressé pour la nuit.

- Alors ? demanda Dorine.

- Ces femmes n'aiment pas beaucoup les gens pour qui elles travaillent ! Ce sont de mauvais hommes d'après elles. Nous avons convenu que demain matin je me glisserai au milieu d'elles. Je pourrai ainsi pénétrer dans la forteresse et faire des repérages.

- C'est un très bon plan, acquiesça Puma-Le- Rouge.

- Est-ce que ma maman est là-bas ? murmura la fillette.

- Je ne sais pas Dorine, il semble qu'il y ait plusieurs prisonniers, lui répondit la jeune femme avec un beau sourire.

- Je veux venir avec toi, affirma la petite.

- Non, coupa sèchement Puma-Le-Rouge, c'est trop risqué !

- Pas vraiment, insista Prélude, beaucoup de ces femmes viennent à la forteresse avec leurs enfants.

- Ainsi ils nous prendront pour une mère et sa fille, continua Dorine.

- Bien... soupira Puma après une longue hésitation.

Le lendemain matin tout le groupe les accompagna rejoindre les indiennes. On dissimula la chevelure blonde de Dorine sous un voile. Les femmes partirent ensuite et pénétrèrent dans la forteresse. À l'entrée, un garde examinait et fouillait tout le monde.

Prélude et Dorine furent bientôt à l'intérieur de l'énorme bâtisse de pierre.

- Va dans les sous-sols, c'est là que sont les prisonniers. Les dames me l'ont dit. Je t'y retrouverai tout à l'heure, murmura la jeune femme.

- Oh regarde ! chuchota l'enfant en montrant l'étage du dessous à son amie.

Une grande cage était posée au milieu d'une petite cour ; une demi-douzaine d'énormes lézards y étaient emprisonnés.

- Des do-destrous, affirma Prélude, sûrement les animaux de compagnie de M. Lu Zi ! À tout de suite Dorine !

La jeune femme emprunta l'escalier qui menait vers les étages supérieurs tandis que Dorine descendait. L'enfant passa à côté de l'immense cage et y jeta un œil.

- Il est trop tard ! Nous n'avons plus le choix ! s'écria une voix dans le couloir du sous-sol.

Dorine se cacha dans un recoin sombre. Elle vit alors arriver un petit homme chauve accompagné de X !

- Mes informateurs de Luminiumville m'ont prévenu que la police allait faire une descente dans la forteresse ! D'ici là, je veux que les prisonniers soient éliminés !

- Mais M. Lu Zi, contesta X, avec un peu de

temps Simla finira par nous donner le nom de sa tribu d'origine ! Je suis sûr que nous pourrions alors récupérer la gamine !

- Simla ne dira rien ! grogna Lu Zi. Ces satanés indiens préfèrent la mort à la trahison.

Les deux hommes s'éloignèrent, mais la fillette entendait encore leurs paroles :

- Je vous paye pour que vous exécutiez mes ordres, X ! Alors faites disparaître les prisonniers demain !

Dorine sortit de sa cachette et s'avança dans le couloir sombre.

- Simla ! Simla ! murmura-t-elle en frappant doucement sur les portes.

- Non ! marmonna une voix derrière l'une d'elles.

- Simla ! Simla ! continua-t-elle.

- Oui… fit alors une petite voix fatiguée.

- Simla ? redemanda Dorine en se collant à la porte.

- Oui… qui êtes-vous ?

- Je suis… hésita Dorine, je… suis une amie. Tiens-toi prête Simla, nous venons te libérer cette nuit.

Sans attendre, la fillette repartit dans l'autre sens. Elle repassa devant la cage gigantesque et rencontra Prélude-d'Étoile.

- Alors ? questionna-t-elle.

- Elle est là-bas, au bout du couloir à gauche. Tu as eu le temps de visiter les lieux ?

- Oui, répondit la jeune femme, viens, nous pouvons partir…

- Je me demandais… souffla Dorine en caressant le mur de pierre. Est-ce que ce n'est pas la roche où nichent les larves du do ?

- Si. Dans la nature ils colonisent cette roche.

- Je me disais, poursuivit la petite, que si nous…

Un garde passa à proximité et l'enfant chuchota à l'oreille de Prélude.

- Tu as peut-être raison. En tout cas, ça vaut le coup d'essayer ! lui répondit-elle.

Une indienne passa alors à côté d'elles.

- Dites, madame, demanda la fillette, vous savez si les do-destrous ont été nourris aujourd'hui ?

- Pas encore… je dois le faire.

- Alors ne le faites pas, dit Prélude en posant une main amicale sur l'épaule de la dame.

- Bien, fit-elle avec un sourire.

Après l'avoir remerciée pour son aide ainsi que celle de toutes ses camarades, les deux amies s'éclipsèrent discrètement de la forteresse. Elles retrouvèrent ensuite le reste de la bande et tous ensemble, ils mirent au point un plan.

La nuit venue, le groupe se dirigea vers la grande bâtisse. Puma-Le-Rouge était en tête. Il chevauchait Démon, le célèbre cheval indomptable et portait à la ceinture Suprême, sa précieuse hache. Elle avait été forgée il y a bien longtemps par un vieil alchimiste. Son métal était indestructible. Le convoi prit un petit sentier qui menait tout près de l'endroit où il voulait aller.

- Tu restes là Dorine, ordonna Puma. Tu nous attends. À tout de suite.

La fillette regarda le groupe s'éloigner. Un mauvais pressentiment lui nouait la gorge.

- Oh je t'en prie Très Haut, prends soin d'eux, murmura-t-elle.

Plus loin la troupe attacha ses chevaux. André, Beauregard, Puma et Prélude grimpèrent le long du mur de la forteresse. Les pierres dépassaient bien de la paroi et rendaient l'escalade assez facile.

Ils atteignirent une corniche dominée par une grande fenêtre. À l'aide d'un mini-proto-inverseur André réussit à désactiver l'alarme puis le système de sécurité de la fenêtre. Tous s'engouffrèrent à l'intérieur de la bâtisse. Ils dévalèrent les escaliers et s'arrêtèrent devant la cage des do-destrous.

- Très bien, chuchota Le-Rouge. Chacun à son

poste. André, tu nous ouvres la porte d'entrée. Prélude et Beauregard, vous repérez les prisonniers. Moi je libère nos amis do-destrous et je viens vous rejoindre.

Tous coururent vers leurs missions respectives. Puma-Le-Rouge dégaina sa hache et, pendant un instant, jongla avec en se concentrant. Puis il frappa l'un des barreaux de la cage. La barre de métal fut sectionnée dans une gerbe d'étincelles. Le jeune homme continua à trancher des barreaux jusqu'à ce que les lézards puissent sortir. Les do-destrous, affamés, se jetèrent sur la roche des murs qu'ils croquèrent comme s'il s'agissait de biscuit.

Puma-Le-Rouge courut vers le couloir des prisonniers. Lorsqu'il arriva, Prélude lui fit signe d'écouter à la porte.

- Allez… sois gentille avec moi…

C'était la voix de X. À l'intérieur de la cellule, la brute caressait la joue de Simla, pâle et fatiguée. Il s'approchait du visage de la jeune femme.

- Si tu me dis le nom de ta tribu, je pourrai peut-être t'aider à t'enfuir… tu me plais bien tu sais…

On frappa à la porte de la cellule. X se retourna en grognant :

- Quoi ?

- Ouvre, c'est moi ! dit Puma en déguisant sa voix.

- Qui ça moi ?

- Dépêche-toi, j'ai pas que ça à faire !

- Pff. On peut pas être tranquille, beugla X en enclenchant le mécanisme d'ouverture.

La porte disparut dans le plafond et une belle jeune femme apparut sur le seuil. X fut tellement surpris qu'il ne vit pas le coup de pied que Prélude lui lança. Le pied finit sa course dans l'entrejambe du géant qui tomba à genoux sur le sol. Les dents serrées par la douleur, il maugréa :

- C'est pas juste… y'a que moi qui prends des sales coups dans cette histoire !

- Désolée mon grand, dit Prélude en lui enlevant le boumeur de la ceinture, la prochaine fois choisis le camp des gentils !

Puma et Prélude aidèrent Simla à sortir. Puis, Beauregard vint vers eux :

- Il n'y a qu'un seul autre prisonnier. Il est ici, annonça-t-il en désignant la cellule.

Prélude-d'Étoile envoya une décharge de boumeur dans la serrure de la porte qui s'ouvrit. À l'intérieur il y avait un vieil homme voûté, le corps et la tête enveloppés dans une couverture. Devant son visage pendaient de longs cheveux blancs.

- Allez grand-père, fit Beauregard, venez avec nous, on vous emmène prendre l'air ! Vous êtes libre !

Le jeune homme aida le vieillard à marcher pour qu'il avance plus vite. Ils se dirigèrent vers la cage des do-destrous. Ces derniers faisaient des ravages incroyables : ils avaient presque complètement rongé un des piliers de fondation de la forteresse. Prélude, Puma, Beauregard et les prisonniers se dirigèrent vers l'entrée où les attendait André. Armé de son proto-inverseur, le robot dictait de nouvelles données au cerveau lumnique du système de sécurité :

- M4 point 6 WP double point MS point…

- Alors ? demanda Puma.

- J'ai un peu de mal, avoua André, mais ça ne devrait plus être long…

- C'est ici, cria un homme au loin, les dodestrous sont en train de tout bousiller !

C'était Y qui arrivait avec un groupe d'hommes. Il regarda autour de lui et aperçut Puma et ses amis bloqués dans l'entrée.

- Par ici les gars ! Amenez-vous ! hurla Y en gardant le regard rivé sur ses proies.

- Oh, oh… marmonna Beauregard, je crois, André, que l'ouverture de la porte serait bienvenue…

- Je m'occupe d'eux, lança Puma-Le-Rouge en s'avançant vers Y.

Le jeune homme faisait tournoyer sa hache d'un bras à l'autre. Y dégaina son boumeur :

- Où est-ce que tu crois qu'tu vas avec ton coupe-choux, pauv' primitif d'indien ?

Y tira une décharge sur Puma qui la renvoya en frappant du métal de sa hache. Le faisceau d'énergie fut projeté contre un mur. Y fit feu à nouveau, mais Le-Rouge lui retourna ses décharges. Soudain une sourde vibration se fit sentir. Elle se transforma bientôt en tremblement de terre. La porte d'entrée s'ouvrit enfin et Puma et ses amis se précipitèrent dehors tandis que la forteresse était en train de

s'écrouler. Quand ils furent assez loin, ils se retournèrent pour assister à l'effondrement de la colossale bâtisse.

Tous restèrent silencieux devant le terrible spectacle.

- Brr...'fait frais hein, gémit le grand-père en réajustant sa couverture.

- Allez, venez papy, on vous emmène auprès d'un bon feu ! lança Beauregard.

- Oh regardez ! s'exclama André en montrant les ruines de la forteresse.

Un à un, les do-destrous émergeaient des amas rocheux en déplaçant les énormes blocs.

- Ces gars-là sont des costauds, murmura Le-Rouge.

- La nature les a façonnés ainsi, conclut Prélude-d'Étoile.

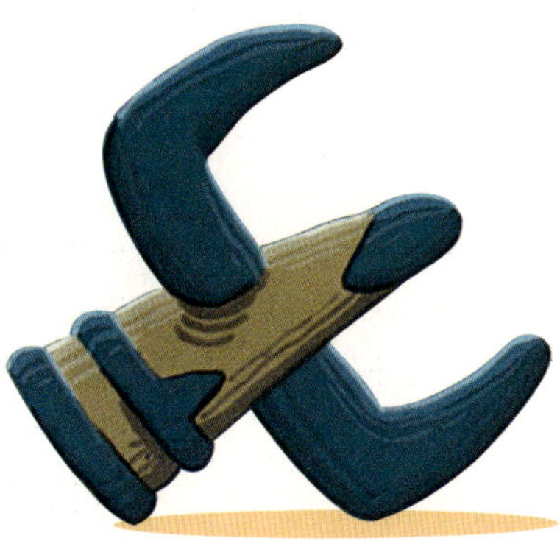

Après un bref galop, le groupe retrouva Dorine. Le puissant Démon portait son maître Puma-Le-Rouge et le vieil homme.

Dorine et Simla se jetèrent dans les bras l'une de l'autre et se serrèrent très fort. Des larmes de joie coulaient sur leurs joues. Simla regarda sa fille tendrement :

- Alors c'est toi qui es venue jusqu'ici pour me libérer…

- Oh je suis tellement contente que vous soyez tous revenus, soupira la fillette, j'avais vraiment l'impression qu'il allait arriver un malheur…

- Vous voyez, jeune Dorine, votre intuition se trompe parfois ! lui assura André, nous avons même libéré le vieil homme que voici.

Le grand-père trébucha alors qu'il se rapprochait du groupe, mais il se rattrapa avec une agilité surprenante pour quelqu'un de son âge. La petite sentit son sang se glacer.

- Qui… qui êtes-vous exactement ? demanda-t-elle.

Alors, avec une rapidité fulgurante, le vieillard attrapa le boumeur de X que Prélude-d'Étoile portait à sa ceinture. Il agrippa Dorine et l'entraîna à l'écart des autres.

- Tu veux savoir qui je suis ? Et bien regarde !

La couverture glissa et l'homme se redressa.

- Co… Colonel Kra, murmura la fillette pétrifiée de stupeur.

- Et oui… Ça a été très gentil à vous de me libérer, stupide mais très gentil !

Kra mit l'arme sur la tempe de l'enfant :

- Maintenant vous écoutez ! Vous restez tous bien sages sinon je tue la petite ! Alors…

- Dorine ! gémit Simla en courant vers sa fille.

Le Colonel pointa l'arme sur la mère alors

qu'André se précipitait pour la protéger. Le boumeur fit feu et toucha Simla et l'androïde qui tombèrent au sol, immobiles.

- Non ! hurla la fillette en réussissant à se libérer de l'emprise du Colonel. Elle fonça vers Simla et André alors que Puma criait :

- Démon ! Frappe !

Le cheval, qui se trouvait à côté du kraouïne, lança ses deux sabots arrières. L'un des sabots frappa violemment le crâne du Colonel. Il tomba trois pas plus loin, certainement tué sur le coup. Dorine courut jusqu'au boumeur, le ramassa et le jeta aussi loin qu'elle put :

- Va en enfer, saleté d'arme à feu !

Le visage inondé de larmes la petite se dirigea vers les victimes. L'androbot avait un trou carbonisé en haut du dos. Il gisait sur Simla qu'il venait de sauver. Puma et Beauregard tournèrent le corps de l'androïde. La jeune femme se redressa alors que sa fille appelait désespérément :

- André ! André ! tu m'entends, hé tu m'entends ?

L'androbot avait le visage crispé et les yeux fermés. Les larmes coulaient à grands flots sur les joues de Dorine. Elle s'approcha de son ami.

- André… tu… vas pas te laisser désactiver hein… tu vas pas faire ça… alors tu perdras ta mémoire et même si on te fait réparer… tu… tu… ne te souviendras plus… de… notre amitié !

La fillette éclata en sanglots tandis que sa mère la tenait par les épaules.

- Jeu… jeune Dorine ? Est-ce vous ?

- Mais oui c'est moi, mon ami. Est-ce que tu ne me reconnais plus ?

L'androbot ouvrit les yeux qui clignèrent un instant.

- Ah oui, c'est vous, un peu floue mais c'est bien vous…

- Chut André, garde ton énergie, on va…

- Non jeune Dorine, cette fois c'est moi qui

parle. Je vais vous raconter une bonne blague. Je sais que vous aimez bien les histoires. Alors écoute celle-là Dorine, parce qu'elle est puissante ! Je n'ai jamais été un androbot B23 ! Je suis un être humain comme toi. Un mercenaire engagé par ton père.

- Qu... quoi... bafouilla la petite.

André esquissa un sourire :

- Tu ne te doutes pas de la galère que ça a été... pour manger en cachette... aller aux toilettes...

Les yeux d'André se fermaient doucement alors que ceux de Dorine s'ouvraient tout grands. Le jeune homme fit de gros efforts pour continuer :

- Mais ça en a valu la peine... j'étais...j'étais un mercenaire sans foi ni loi... j'étais froid comme une ma...machine... insensible... et toi tu m'as appris l'amitié... l'amitié... ça fait... chaud... ici...

André se toucha le cœur avant de fermer les yeux. Son bras retomba mollement sur le sol. La fillette se leva. Elle était très pâle. Elle resta un instant debout, puis s'évanouit.

Lorsque Dorine se réveilla, elle était sur le sol des plaines éternelles. Elle regarda la beauté de la nature. “Je resterai bien ici, se dit-elle, j'en ai un peu assez de la terre et de toutes ses souffrances."

- Est-ce que tu ne crois pas que tu es un peu jeune pour mourir ?

Elle se tourna et vit Cœur-Cosmos :

- Alors c'était ça le secret d'André ?

- Avoue que tu ne t'en serais jamais doutée.

- Non, c'est un sacré comédien !

- C'est pour cela que ton père l'avait engagé.

Ainsi tout le monde a cru que M. Babs avait inventé l'androbot parfait. Et ses affaires, qui allaient mal, sont reparties de plus belle pendant un temps.

- Oui, c'est un super acteur, et un super copain, dommage que je doive le perdre…

- Il n'est pas mort, son cœur bat toujours…

- Qu'est-ce que l'on peut faire ? Nous sommes perdus dans la Vallée des Six Ours, au milieu de nulle part... il ne tiendra pas le coup bien longtemps...

Cœur-Cosmos s'approcha de la fillette :

- Est-ce là toute ta foi ?

- J'ai... j'ai toujours foi dans le Grand Esprit, mais qu'est-ce que je peux espérer ? Un miracle ?

- Et pourquoi pas ? murmura le vieux Whogi avec un grand sourire.

- Un miracle, quel genre de miracle ? demanda Dorine.

- Des miracles, il y en a des millions tous les jours ! Des coïncidences incroyables, des rencontres inimaginables ! Peut-être allez vous tomber sur... un grand médecin !

Subitement tout disparut...

Dorine s'éveilla dans les bras de sa mère. Elles étaient toutes deux sur un cheval et avançaient doucement sous une pluie d'orage aux côtés des autres cavaliers. Puma-Le-Rouge tenait André devant lui sur Démon.

- Où allons-nous ? demanda tristement Dorine.

- Nous allons nous mettre à l'abri dans une grotte, pas très loin d'ici.

- Comment va-t-il ? souffla la fillette.

- Il respire très faiblement, avoua Simla, quelle idiote je suis, c'est de ma faute… Il m'a sauvé la vie…

Dorine réussit à sourire :

- Il doit avoir un faible pour toi…

Sa mère sourit à son tour, l'idée ne lui déplaisait pas :

- Si seulement nous savions où trouver Cœur-Cosmos… lui il pourrait le soigner…

- Seul le Très Haut le sait, dit Dorine.

- Puisse-t-il nous guider, pria Simla avec ferveur.

Les cavaliers arrivèrent à une grotte. Ils y transportèrent André avec délicatesse.

- Il y a des gens dans cette caverne, réalisa Puma-Le-Rouge, Beauregard veux-tu bien m'accompagner ? Nous allons vérifier que nous sommes en bonne compagnie.

Les deux garçons entrèrent dans une salle voisine où rougeoyait un feu. Bientôt des exclamations se firent entendre, ce qui inquiéta fortement Dorine. Ce n'est que lorsque les hommes revinrent accompagnés d'un vieux monsieur que Dorine fut immédiatement soulagée :

- Cœur-Cosmos ! Tu es ici ? s'écria-t-elle pleine de joie.

Le maître Whogi regarda la petite avec étonnement :

- Je ne crois pas te connaître, jeune fille, comment t'appelles-tu ?

- Je suis Dorine, nous nous sommes rencontrés en rêve.

- Ah bon ? fit le vieil homme, je ne me rappelle pas avoir jamais rêvé de toi. C'est probablement le Grand Esprit qui aura utilisé mon image pour te guider…

- Sûrement, lui répondit la petite avec un grand sourire.

- Simla ! s'exclama le sage, te voilà de retour parmi nous ! J'en suis très content !

- Oh, Cœur-Cosmos, et moi je suis si heureuse de te retrouver ici. Vois, cet homme a besoin de soins urgents. Il a été blessé en me sauvant la vie. Oh, de te trouver ici, c'est inespéré. C'est un véritable…

- Miracle ! lança Cœur-Cosmos en faisant un clin d'œil discret à Dorine. Dépêchez-vous, amenez-le sur ma couche à côté !

Le vieux Whogi resta plusieurs jours à veiller le blessé en lui prodiguant les soins nécessaires. Après deux semaines, on put le transporter au village de Ceux-de-la-Forêt. André reprit des forces petit à petit. Dorine venait le voir tous les jours et ensemble ils se rappelaient les aventures extraordinaires qu'ils avaient vécues.

Un mois plus tard, l'ex-mercenaire vint frapper à la hutte de Simla et Dorine. La fillette ouvrit la porte et sa mère le salua avec une étincelle d'amour dans les yeux. André lui rendit son salut. Son cœur se réchauffait toujours à la vue de la douce jeune femme.

- Dorine, dit-il, viens j'ai un petit cadeau pour toi.

La fillette lui donna la main et les deux meilleurs amis du monde se dirigèrent vers la hutte d'André. Il entrouvrit la porte.

- Entre… le cadeau est là !

Dorine pénétra dans l'humble demeure et fut accueillie par les jappements joyeux d'un joli petit chien.

- Oh… comme il est beau… s'écria-t-elle en le prenant dans ses bras.

- Alors il te plaît ? demanda le jeune homme.

- Oh oui et… j'espère que je lui plais aussi…

- Comment vas-tu l'appeler ?

- Je l'appellerai… Andrédeux !

- Andrédeux ?

- Oui !

- Ah c'est pas mal, et il a l'air d'aimer…

André, Simla et Dorine furent acceptés par les indiens de la Nation du Cercle comme membres à part entière de la tribu de Cœur-Cosmos.

Puis, un jour André rassembla tout son courage et demanda la main de Simla à sa famille, comme le veut l'usage chez eux. La famille accepta et Simla n'hésita pas un instant. Le couple donna une petite sœur à Dorine.

Mais ça… c'est une autre histoire…

Dans la même série :

Puma-Le-Rouge - Pour le Cœur de l'Étoile

Éditeur :
ÉDITIONS ALTALIRE
B.P. 94 - F-67038 Strasbourg Cedex 2
Tél. ++33 (0) 3 88 78 91 91
Fax ++ 33 (0) 3 88 78 91 99

Textes et illustrations :
DAN LANIEPCE

Maquette :
CIRRUS EN CAMPAGNE

Dépôt légal 3e trimestre 2001 - Première édition
Imprimé en Italie chez Arti Grafiche - Pomezia (Rome)